YO SEXO, TÚ SEXO, NOSOTROS...

UNA GUÍA PARA VIVIR
PLENAMENTE TU SEXUALIDAD

YO SEXO, TÚ SEXO, NOSOTROS...

UNA GUÍA PARA VIVIR
PLENAMENTE TU SEXUALIDAD

VIVIANNE HIRIART

Beltran

Monica Beltran
86 Noble St
Stamford, CT 06902

grijalbo

YO SEXO, TÚ SEXO, NOSOTROS...
Una guía para vivir plenamente tu sexualidad

© Vivianne Hiriart

Ilustraciones de portada e interiores: Trino.

D. R. © 2001 por EDITORIAL GRIJALBO, S. A. de C. V.
    (Grijalbo Mondadori)
    Av. Homero núm. 544,
    Col. Chapultepec Morales. C. P. 11570
    Miguel Hidalgo. México, D. F.
    www.grijalbo.com.mx

D. R. © 2001 por HOJA CASA EDITORIAL, S. A. de C. V.
    Av. Cuauhtémoc número 1430,
    Sta. Cruz Atoyac, 11230
    Benito Juárez. México, D. F.

ISBN 970-05-1285-1

IMPRESO EN MÉXICO

A Claudia, Ricardo y Montserrat
A usted

Índice

Introducción

El libro que tiene en sus manos no pretende ser un texto especializado sobre la pareja y las expresiones sexuales. Más bien, su propósito es informar de manera exhaustiva pero sencilla al público interesado en entender mejor su sexualidad y sus diferentes tipos de relaciones.

En la última década se han modificado varios términos relacionados con la sexualidad, como una forma de romper antiguos estigmas y connotaciones negativas implícitos en las palabras mismas. Tal es el caso de *sexo opuesto*: ahora prefiere decirse *sexo complementario*; *perversiones*, que en la actualidad se denominan *expresiones comportamentales*, o *autoerotismo*, por lo general conocido como *masturbación*. A lo largo del texto encontrará que se utilizan indistintamente los términos de uso popular y las nuevas denominaciones, buscando respetar el contexto y al mismo tiempo incorporar algo de la nueva terminología.

En agosto de 1996 empecé a escribir la columna "Sextante" en el periódico *La Crónica de Hoy*.

Consciente del gran número de mitos y tabúes existentes alrededor de la sexualidad y de las innumerables dudas que muchas veces quedan sin respuesta porque no nos atrevemos a preguntar, o porque nadie nos habla del tema, la intención de esta columna ha sido abordar diversos temas de sexualidad de una manera clara y abierta, al alcance de cualquier lector.

El objetivo ha sido dar información que pueda serle de interés y utilidad en su vida cotidiana, personal, familiar y de pareja. Informarle acerca de la afectividad, el organismo y la sexualidad con la misma facilidad con que puede enterarse de los acontecimientos nacionales o mundiales. Familiarizarlo más con el propio cuerpo y con los procesos y reacciones sexuales, las disfunciones que con frecuencia se presentan y que quedan en silencio por vergüenza —o por pensar que se trata de un problema netamente personal—; darle a conocer los propios derechos sexuales y reproductivos. Hablar sobre conflictos que se presentan con frecuencia: la violencia, la inequidad, el abuso y las dificultades para poner límites y la negociación respecto a lo placentero, lo deseable, lo molesto y lo dañino. Exponer, de la manera más objetiva posible, las diferentes manifestaciones y preferencias sexuales, porque todos somos distintos y tenemos derecho a decidir lo que consideramos más apropiado para nosotros; así como presentar diferentes alternativas y puntos de vista que nos permitan tomar decisiones más adecuadas. Y, sobre todo, apropiarnos de nuestra sexualidad y poder hablar de ella de una manera natural, romper con la idea de que "eso no se menciona".

Este libro se basa en algunas de las columnas publicadas en *La Crónica*, aquellas que tienen que ver con la expresión sexual a través de las relaciones. La relación con el propio cuerpo, las relaciones afectivas, la relación sexual en tanto vínculo que establecemos con la pareja y la relación entre nuestra manera de actuar y los impulsos humanos innatos, las normas culturales, las modas y las costumbres.

Los vínculos amorosos y sexuales son un fenómeno universal presente a lo largo de todos los tiempos. Sin embargo, no por ello están libres de dudas, conflictos y dificultades matizados por las características individuales y el momento en el que vivimos. Al acercarnos a otras personas en busca de compañía, seguridad, afecto y motivados por el deseo de compartir, nos involucramos en relaciones más o menos duraderas basadas en lazos afectivos, necesidades personales, ilusiones o en meros vínculos sexuales intrascendentes.

Algunas personas con preferencias sexuales distintas entablan relaciones afectivas según su orientación y, si bien pueden tener ciertas características particulares, no dejan de seguir patrones generales, que son algunos de los incluidos en este libro.

En el primer capítulo se abordan la seducción y los factores que intervienen en ella; la importancia que hemos dado al cuerpo y a la apariencia física; cómo ésta ha cambiado a través de los tiempos y "verse bien" ha sido, en repetidas ocasiones, una auténtica tortura. Nos sentimos atraídos unos a otros por nuestra apariencia física, por los atributos sexuales propios de nuestra especie o por aspectos menos tangibles, como la posibilidad de seguridad o de reproducción. Entramamos ritos de seducción al igual que los demás animales y nos dejamos llevar por ellos de una manera casi instintiva, como un preludio a una posible relación más duradera. Este segmento incluye hallazgos científicos y aspectos antropológicos, históricos y aquellos relacionados con la imagen corporal.

En el segundo capítulo se hace una revisión de las fases por las que pasan las parejas, empezando por una posible explicación de la monogamia. Una vez presas de la atracción, las parejas se enamoran y en ese momento en el que todo les parece maravilloso e ideal, pueden creer que seguirá así, lo cual constituye una trampa que las hace unirse sin bases firmes. Es posible que uno prolongue una relación por temor a no poder establecer una nueva, por tener la esperanza de que las cosas van a modificarse o porque vemos en ella la posibilidad de crear un cambio en nuestras vidas. Depositamos muchas expectativas en la otra persona, quien no tiene que —ni necesariamente puede—, cumplirlas y esto a la larga desencadena insatisfacción y conflictos. La elección de la pareja no sólo se basa en la seducción. También influye lo que hemos visto y aprendido en la vida: solemos repetir patrones poco funcionales. Independientemente de que los miembros de la pareja sientan que su unión es sólida, que hay amor, integración, intimidad y comprensión, muchos se casan. Los motivos son diversos y, en gran parte, facilitan o dificultan que con el paso de los años se experimente satisfacción en la relación. Otras parejas optan por vivir juntas sin firmar ningún contrato, ya sea porque no le encuentran sentido y anteponen la solidez de sus sentimientos o porque prefieren experimentar antes de casarse.

La vida en pareja implica cambios constantes que, dependiendo de las bases y el manejo de las situaciones, fortalecen el vínculo o lo desgastan hasta llevarlo a su fin. Éstos son algunos de los puntos abordados en el tercer capítulo. Los aspectos que en un inicio nos

13

atrajeron llegan a ser la fuente de serios conflictos, mismos que pueden representar la oportunidad de comenzar una nueva etapa más sólida o de cuestionar lo vivido y decidir terminar la unión.

La posibilidad de intimar con el otro y de mantener una buena comunicación constituye un punto medular.

Cuando la relación ya no tiene futuro y los cónyuges no desean o no pueden hacer nada más por continuar, muchas parejas (aunque no todas) deciden divorciarse, lo cual tiene una serie de implicaciones emocionales y prácticas, como el difícil proceso de duelo o ponerse de acuerdo en cuanto a la educación de los hijos sin hacer de ellos un campo de batalla.

En este capítulo se abordan también conflictos como la rutina, los celos y la infidelidad.

En el cuarto capítulo analizamos algunas expresiones de la sexualidad, aquellas que con frecuencia se llevan a cabo a solas. Las consecuencias de la masturbación han sido depositarias de muchos mitos. Asimismo, sabemos poco sobre las fantasías sexuales, que se piensa son exclusivas de los hombres. Sin embargo, las fantasías tienen diversas funciones y entender sus contenidos resulta muy útil para la vida personal y sexual.

En el quinto capítulo se abordan expresiones que se presentan en compañía. El beso, algo tan natural entre las parejas, es en su origen la unión de las almas y si se juega con él, encontramos muchas variantes susceptibles de avivar el juego sexual y expresar emociones profundas.

Las caricias, que suelen tomarse como un simple preámbulo para la relación sexual, pueden ser la clave para que haya mayor goce y son un potencial de placer sin llegar a la penetración, en especial cuando cubren todas las zonas erógenas y sensibles, de las cuales la principal es la piel. Y como existen zonas especialmente conocidas por su potencial erótico—a pesar de que el cuerpo entero es sensible—, se habla con más detalle del punto G y la próstata. Pero el placer no se limita al contacto con la piel: intervienen todos los sentidos y, por supuesto, la buena salud permite que funcionen mejor. Por esa razón en este capítulo se habla de los afrodisiacos y sus efectos, así como de la alimentación y el ejercicio relacionado con el funcionamiento sexual.

Los estímulos sexuales producen respuestas en el organismo, que son el tema que nos ocupa en el sexto capítulo. Muchas veces las vivimos, pero ¿qué son? ¿Qué sucede dentro del organismo y por qué? ¿Esas reacciones se deben siempre a la excitación sexual? Una vez explicado el proceso y algunos aspectos referentes a él, abordamos ciertos puntos, como la respiración y el ritmo, que pueden intensificar o disminuir las sensaciones.

En el séptimo capítulo se tratan diversos temas relacionados con el coito, mejor conocido como relaciones sexuales. Si bien podría decirse que el coito es la penetración del pene en la vagina, la boca o el ano, muchos aspectos intervienen en la vivencia de cada persona: la autoestima, lo que pensamos de nuestra sexualidad, los mitos, las exigencias sociales y las propias. Puntos como las caricias previas y posteriores, la creatividad y la relación que exista entre las dos personas, marcan una gran diferencia entre un encuentro y otro.

En el octavo capítulo hablamos de algo que existe en todos pero que pocos ubicamos: las expresiones comportamentales de la sexualidad. Decir que uno es fetichista o voyerista podría parecer un tanto osado, pero en cada uno de nosotros hay un cierto grado de estas expresiones comportamentales.

Hablar de sexualidad abiertamente no siempre es fácil, y es aun más difícil cuando se trata de las personas con alguna discapacidad física; por eso, en el capítulo nueve, abordamos ese tema. Es factible ser activo en el aspecto sexual incluso cuando se está confinado a una silla de ruedas y no por padecer parálisis dejan de haber afectos y sentimientos eróticos.

Por último, en el capítulo diez hablamos de la orientación sexual. De entrada suena a clases de educación sexual, pero no, nos referimos a si las personas se sienten atraídas hacia miembros de su mismo sexo, el otro o ambos. ¿A qué se debe?; hay diversas explicaciones pero ninguna es absoluta. Analizamos de manera separada el travestismo y la transexualidad pues son manifestaciones que se presentan independientes de la orientación que se tenga. Y para cerrar, a manera de entrevista, exponemos las demandas de las parejas homosexuales de legalizar el matrimonio y considerar la adopción.

Antes de entrar en materia, deseo agradecer a las personas que han jugado un importante papel en la materialización de este libro.

A Pablo Hiriart, director del periódico *La Crónica de Hoy*, por darme la oportunidad de publicar mis columnas, que son la base de este libro.

A Miguel Ángel Sánchez de Armas, cuya aportación a la idea inicial fue fundamental.

Por supuesto, mi profundo agradecimiento a Consuelo Sáizar, por su apoyo, su interés y, sobre todo, su amistad.

A Gilda Moreno, con quien el trabajo de corrección y edición se transformó en una tarea grata, divertida y motivante.

A Paty y Héctor.

A Xabier Lizarraga, por su colaboración en el apartado de orientación sexual y las demandas y derechos de las personas homosexuales.

A Lucía Riedemann, por sus comentarios, correcciones y muchas cosas más.

De manera muy especial a Trino Camacho por las ilustraciones.

También quiero expresar mi gratitud al Fondo de Población de las Naciones Unidas y al Consejo Nacional de Población por su constante apoyo a mi trabajo.

Y, por supuesto, a todos los lectores de la columna "Sextante".

Gracias a todas las personas que de una u otra manera participaron en esta publicación con sus comentarios, sugerencias, experiencias, inquietudes o a través de entrevistas o fragmentos de textos.

1. El cuerpo y la seducción

Las relaciones de pareja suelen comenzar por la atracción entre dos personas: tal vez sea una de ellas la que se sienta mayormente atraída por la otra e intente seducirla o conquistarla de distintas maneras.

¿Qué es lo que nos atrae a primera vista? Digamos que una de las características que entran en juego en un primer momento parece ser el aspecto físico. Si bien por esto puede entenderse que la persona nos parezca bonita o atractiva por su cuerpo o sus facciones, la expresión, la actitud y la manera de presentarse son acaso aun más poderosas.

El amor entra por los ojos

Popularmente se dice que el amor entra por los ojos, y algo hay de cierto en eso. La gente se preocupa por su aspecto físico, por su manera de llevar el cabello, por la forma de su cuerpo o por hacer visibles ciertos atributos que se considera podrían ser atractivos para los demás y útiles para la seducción (así como para sentirse bien consigo mismo). Y es que ante los estímulos potencialmente sexuales, muchas veces la primera reacción es visual.

Cuando vemos a una persona que nos es atractiva, en cuestión de un instante el cerebro registra la señal, la cual provoca que las pupilas se dilaten, llegando a aumentar hasta en un treinta por ciento de su tamaño previo.[1] En efecto, aun antes de percatarnos de que nos

19

sentimos atraídos por alguien, el cerebro ya ha reaccionado. Lo curioso es que, sin ser conscientes de ello, también reaccionamos a la dilatación de las pupilas de los demás. Sentirse atractivo suele despertar más interés; es como observar una mayor disposición para el cortejo, lo que aumenta el aspecto motivante del encuentro. Sin saber bien a bien cuál era el verdadero efecto, en la época romántica, las mujeres se ponían gotas de belladona en los ojos para provocar la dilatación y así verse más atractivas. Tiempo después esta práctica dejó de llevarse a cabo... pero la dilatación natural no dejó de surtir efecto.

Hay ciertas formas que de entrada son llamativas para los miembros del otro sexo. Los hombres reaccionan más a las líneas curvas y las mujeres a los trazos angulosos.

Aparte de la respuesta producida por los rasgos visibles del cuerpo masculino y femenino, hemos desarrollado nuevos recursos que nos permiten vernos atractivos para otros. A través del maquillaje se simulan las reacciones naturales provocadas por la excitación sexual. El rubor en las mejillas y los labios emula el enrojecimiento producido por la mayor irrigación de sangre durante la actividad sexual. Las pestañas y los ojos delineados adquieren brillo; así, además de simular el efecto mencionado, se vuelven más llamativos, parte fundamental de la seducción. El sostén realza, reafirma y redondea el busto, acción que se presenta espontáneamente durante la respuesta sexual. Con todo ello, constantemente proyectamos una imagen artificial de excitación que despierta el interés, en este caso de los hombres, para iniciar el cortejo.

En un primer momento, los varones tienden a sentirse más atraídos por la apariencia física de una posible pareja. Las mujeres, en cambio, por lo general se fijan en los ojos: no tanto en la forma sino en la mirada y lo que transmite. Las manos también son una parte en la que se suele centrar la atención. Quizá una mujer busque manos grandes y bonitas, pero sobre todo se siente atraída por su manera de tocar, la firmeza, seguridad y sensibilidad que demuestren. Para ella, lo atractivo se relaciona más con lo que el cuerpo le evoca, en especial estas partes, que con la morfología en sí misma.

Sin embargo, eso no significa que deja de apreciar la belleza de un cuerpo masculino.

Los senos

No hay ninguna parte del cuerpo que sea erótica de manera universal. Para los chinos los pies pequeños resultan muy atractivos; en Japón lo son el cuello y los genitales y en el Pacífico sur se considera excitante la parte interior de los muslos femeninos.[2]

Algunas mujeres prefieren a los hombres de aspecto rudo y otras eligen a los más estilizados. Los vellos pueden parecer atractivos en algunas culturas y en otras se consideran muy poco estéticos. En Occidente, los senos femeninos tienen una especial importancia.

Las mujeres somos las únicas hembras que tenemos los senos voluminosos todo el tiempo, estemos amamantando o no. Y como un atributo femenino, los senos se han considerado como símbolo de fertilidad, de erotismo, de sensualidad o incluso de feminidad.

A principios de la Edad Media, cuando se elogiaba la actitud estoica y la evasión de los placeres carnales, las mujeres vestían túnicas amplias que disimulaban sus formas, consideradas tentadoras. Con el tiempo los senos se acentuaron, o incluso exageraron, para después volver a ser cubiertos y disimulados desde la época victoriana hasta después de los años 20.[3] A partir de ahí, se pasó por la moda de los senos puntiagudos, levantados y separados, o juntos, grandes y redondeados, hasta llegar a las cirugías para aumentarlos de una manera más o menos definitiva. Para muchos hombres resultan un atractivo especial y sólo mirarlos llega a convertirse en un estímulo sexual efectivo. Para las mujeres representan una parte importante de su feminidad y afectan su autoestima de manera positiva o negativa. Pero, independientemente de su tamaño y forma, los senos son una zona erógena capaz de provocar sensaciones muy intensas, al grado de que una mujer puede alcanzar el orgasmo con su sola estimulación (no es lo más común, pero sí es posible).[4] Por lo regular, el contacto con los senos forma parte de los juegos sexuales de la pareja.

Los glúteos

Los glúteos, además de servir para sentarnos con comodidad —a unos más que a otros, dependiendo de su volumen—, son uno de los atributos sexuales o zonas del cuerpo que llaman la atención seductoramente a hombres y a mujeres. De hecho, muchas de ellas dicen que las primeras cosas en las que se fijan en un hombre son los ojos, las manos, la sonrisa y, de manera no menos importante, las "pompas". Y ellos acostumbran observar esta parte del cuerpo al acercarse a una mujer posiblemente seducible.[5]

Ahora bien, resulta que somos los únicos animales con glúteos abultados. Ni siquiera los primates —la especie a la que más nos aproximamos— los tienen como los nuestros.[6] Los glúteos aparecieron en nuestra anatomía cuando empezamos a movilizarnos en dos patas en lugar de cuatro, aunque no podemos decir que de buenas a primeras los traseros de nuestros ancestros se hayan igualado a los de ahora. Poco a poco fueron adoptando su forma actual, perdiendo la vellosidad que los caracterizaba.

Este abultamiento debido a la masa muscular y de tejido adiposo sustituyó, según Desmond Morris[7], la hinchazón de los genitales femeninos que presentan muchas especies de monos durante su periodo de fecundidad, para atraer la atención del macho hacia su deseo de aparearse. Y como la mujer no muestra sus genitales ni cuenta con un periodo de celo como el resto de las especies, se dice que los glúteos prominentes cumplen con esa función atractiva, pero en forma permanente.

Caminar erguidos quedando los genitales ocultos aparentemente trajo otras consecuencias, además de que partes distintas del cuerpo cumplieran la función de atraer al sexo opuesto. De acuerdo con Georges Bataille[8], al quedar el ano hacia abajo, la cara cobró mayor importancia cumpliendo con algunas funciones de excreción, como toser, escupir, bostezar, estornudar, eructar, moquear; cierto, otros animales también lo hacen, pero nosotros lo hacemos mucho más.

Las reflexiones acerca de los glúteos no permanecen sólo en un nivel fisiológico o evolutivo, sino que trascienden al plano religioso.

Aunque usted no lo crea, durante mucho tiempo se discutió si el diablo tenía o no tenía glúteos; algunos opinaban que cuando Satán tomaba forma humana, carecía de ellos. Y, a la inversa, los angelitos de las pinturas suelen ser regordetes y enseñar el trasero.

Esa idea ayudaba a sostener la creencia de que bastaba con mostrarle las "pompas" a Lucifer para alejarlo. En la Alemania medieval se decía que cuando había fuertes tormentas por la noche, era necesario frotar el trasero contra la puerta para alejar los rayos y los malos espíritus.

Jean-Luc Hennig, en su libro *La breve historia del culo*[9], cuenta que también había quien decía que los espejos eran el "auténtico culo del diablo" porque incitaban a la vanidad y al pecado. Describe que esto está plasmado en un cuadro del Bosco en el que un espejo de acero cubre el trasero de un monstruo satánico. Así, si bien a lo mejor el diablo no tenía glúteos abultados, sí contaba con un trasero provocador de pecados.

Tomando en cuenta lo anterior, podría preguntarse: "¿Si soy 'desnalgado' soy más cercano a un primate, o acaso tengo pacto con el diablo?" Pero no, no se inquiete; no hay mayor problema, excepto que al sentarse contará con menos materia amortiguadora. Se trata sólo de esas diferencias individuales que nos dan un toque muy especial.

Los vellos que en ocasiones no son tan bellos

Algunos más, otros menos, pero todos tenemos vellos en el cuerpo, sin saber en realidad cuál es su función. Los hombres se rasuran la cara; y, dependiendo de su abundancia y la cultura donde se desenvuelvan, las mujeres se quitan los pelitos de las piernas, el bigote, las axilas, la ingle.

Al ser víctimas de la señorita del salón de belleza, que unta cera caliente en diferentes partes de nuestro cuerpo y después la arranca con un jalón seco, algunas mujeres han llegado a preguntarse: "¿Para qué sirven estos mentados pelitos?"

Bueno, pues sí tienen una función, sobre todo los de las axilas y el pubis.

Tomando como base la teoría de la evolución de las especies, vemos que hace muchos siglos estábamos cubiertos por completo de pelos, que poco a poco fuimos perdiendo; así que en realidad podemos dar gracias porque, en comparación, lo que tenemos ahora no es nada.

De acuerdo con la antropóloga Helen Fisher[10], es posible que el que ahora seamos semilampiños se deba a una selección sexual de las especies. Es decir, que se fueron transformando ciertas características sexuales, como el tamaño del pene y el volumen y posición de los senos, haciendo a los individuos más llamativos y atractivos para la cópula. De tal forma aumentaba la posibilidad de que se reprodujeran, heredando las mismas características a las siguientes generaciones.

La disminución de pelo sobre el cuerpo, y el hecho de que lo sigamos teniendo en ciertas zonas, puede relacionarse con esa selección. Para empezar, no es que hayamos perdido el pelo corporal, pues seguimos teniendo el mismo número de folículos pilosos que los simios; pero, obviamente, esa vellosidad está menos desarrollada.

Como una manera de dejar al descubierto ciertas zonas erógenas, las mujeres perdieron el pelo del pecho y las ingles, así como el pelaje grueso alrededor de la boca. Así aumenta la sensibilidad de la piel al tacto y la zona es más visible —y atractiva— para el sexo opuesto. De hecho, su estimulación puede ser un preludio del acto sexual.

Eso es en cuanto a los pelos que desaparecieron, pero ¿y los que permanecen? Los vellos que conservamos están situados en zonas estratégicas: las axilas y el pubis, cuyas secreciones tienen un olor característico y la posible función de estos vellos es retener los aromas del cuerpo sexualmente excitantes. De hecho, los animales se guían mucho por el olfato, ¿no es así?

Existen otras explicaciones de por qué perdimos el pelaje. Se dice que se debe a una modificación en el sistema de refrigeración del cuerpo. Para que nuestros ancestros cazadores pudieran recorrer grandes distancias buscando comida, se reemplazó el pelaje aislante por glándulas sudoríparas que lo cubren de líquido, el cual, al estar en contacto con el aire, resulta refrescante. Otra teoría sostiene que fue para detener las infecciones provocadas por parásitos.[11]

En fin, el caso es que mientras siga siendo la usanza que las mujeres sean lampiñas y no se invente un aparato que acabe definitivamente con el crecimiento de los vellos, la industria de la belleza seguirá incrementando sus ganancias y las mujeres exponiéndose a los jalones de la cera o las cortadas con los rastrillos.

Los rituales de seducción

¿Alguna vez se le ocurrió pensar que los humanos podríamos tener rituales de seducción similares a los de las demás especies? Sabemos que los pavorreales extienden su cola para mostrar sus plumas y atraer a la hembra. Los sapos se inflan, algunos animales se golpean el pecho y otros muestran sus cuernos. Y nosotros, ¿qué hacemos? A fin de cuentas somos animales y algunas conductas instintivas nos deben quedar por ahí.

Varios investigadores se interesaron en el tema y se dedicaron a observar a la gente en el apasionante juego de la seducción. Uno de ellos, el etólogo alemán Eibl-Eibesfeldt[12], estudió las conductas, en especial femeninas, durante el cortejo en culturas de América, África y Europa. Analizó ámbitos muy distintos y comunidades más o menos civilizadas, en las que encontró algunas constantes. Por su lado, enfocados a la cultura estadounidense, Givens y Peper[13] consagraron su tiempo a acudir a bares de solteros —donde las personas suelen conocer a otras con intención de conquista—, concéntrandose justo en ese tipo de conductas.

El ritual se caracteriza por gestos a los que no siempre ponemos especial atención, aunque surgen espontáneamente cuando de atraer el interés se trata. La sonrisa y la mirada son dos puntos cruciales en el cortejo humano. Los varones dicen que si hacen reír a una mujer, van por buen camino; y algo hay de eso, aunque no siempre que una ría en presencia de un hombre ello implique que se sienta atraída por él o que desee entablar una plática, mucho menos una relación. Porque también hay de sonrisas a sonrisas y pueden tener significados distintos, los cuales analizaremos más adelante. Lo cierto es que la sonrisa es algo que está presente cuando la persona se siente atraída.

Como ya dijimos, la mirada es otro punto importante con el cual se juega durante un buen rato antes de tomar la decisión de acercarse. Lo primero que hacemos es lanzar una breve mirada, de apenas unos segundos. Con ella se activa cierta parte del cerebro que provoca interés o rechazo y, en caso de que la persona nos sea atractiva, las pupilas se dilatan. Todo eso sucede en un instante.

Se muestra interés. Las miradas se cruzan. Ella se siente observada, se vuelve para mirarlo y en ese momento él desvía la vista; la situación se repite, ya sea por parte de ella o de él, hasta que llegan a mirarse fijamente. Quizá ella baje un poco la mirada y entonces dé la pauta de entrada ante la cual él puede acercarse con una cierta seguridad de ser aceptado, confirmada por una sonrisa entreabierta que deja ver sólo los dientes de arriba.

¿Sabía usted que los babuinos se miran profundamente a los ojos antes de iniciar cualquier contacto sexual? Según Helen E. Fisher, los ojos podrían ser los órganos donde se inicia el idilio, ya que la mirada profunda es la que provoca la sonrisa.[14]

¡Cuántas cosas hacemos a veces sin siquiera darnos cuenta!

Las cinco etapas del ritual de seducción

Para analizar el ritual con mayor detalle, dividámoslo en las cinco etapas que propone Fisher.[15]

La primera es *llamar la atención.* ¿Cómo? Antes que nada se delimita un espacio, es decir, marcamos nuestro territorio. Por ejemplo, cuando llegamos a un bar nos ubicamos en una mesa, una esquina o un espacio específico desde donde empezamos a llamar la atención. Los hombres buscan atraer el interés de los demás con movimientos exagerados de todo el cuerpo: sacan el pecho, se estiran hasta alcanzar el máximo de su estatura y se mueven avanzando dentro del territorio que han marcado. Exageran sus movimientos para hacerlos más amplios y llamativos aun en la manera de encender un cigarrillo, o de pararse a observar desde una esquina. Cambian su peso de un pie al otro y se mecen de adelante hacia atrás, cosa que también hacen los mandriles cuando prevén un encuentro sexual. Además, al igual que otros machos, lucen sus atractivos: se acomodan el cabello, la ropa o exhiben sus músculos.

Si observamos a la gente en algún centro nocturno, es posible darnos cuenta quién se encuentra ahí con intención de "conquista" y quién no, y no es precisamente porque lleve colgado un letrero que diga: "Busco novio(a)".

Las mujeres también marcan su territorio y se mueven en su interior para hacerse notar. Lo logran con la manera de caminar, por lo general lanzando el pecho hacia adelante y balanceando un poco la cadera. La cabeza es un instrumento de gran importancia: se mueve de forma particular y, junto con ella, el cabello; juegan con un rizo, se muerden un labio y miran de lado con un cierto toque de indiferencia. Utilizan los movimientos de las manos, los ojos y la cabeza para indicar que están disponibles.

La segunda etapa es la del *reconocimiento*. Es el momento en el que, por fin, ambas miradas se cruzan y se esboza una sonrisa como señal de que es posible dar un paso más allá: iniciar una conversación.

En este tercer paso, la *conversación*, la voz cambia de tono y cómo se dicen las cosas adquiere mayor importancia que el contenido mismo. El tono de la voz puede ser revelador de las intenciones que se tienen, así como de algunos detalles sobre quiénes somos. Ante este inicio de conversación puede encontrarse una respuesta que denote también un interés seductor o, por el contrario, una reacción cortante y fría. Por lo general es posible notar si se está dando entrada para continuar en la misma línea, o por el contrario, se está "pintando una raya" (rechazando a la persona).

La cuarta etapa es el *contacto físico*, que en un inicio es muy discreto, algo así como rozar el brazo del otro al tomar el vaso o, so pretexto de que la música está muy alta, hablarle cerca del oído. Tácticas hay muchas. En ese momento se define también una respuesta que permite que se siga avanzando, como sería corresponder al contacto con otro similar, permanecer cerca, o sonreír; o, bien, que desalienta las intenciones del conquistador. El contacto físico en el cortejo de muchas especies es muy importante; algunas se acarician, otras se lamen, otras se aletean. Los humanos también lo usamos.

Por último, en la quinta etapa, si el contacto es aceptado, la pareja empieza a *sincronizar* sus movimientos. Se instalan frente a frente y presentan una serie de conductas, podríamos decir, en espejo; él se toca el cabello y ella también; ella bebe y él hace lo mismo. Así, el juego puede seguir durante un buen rato llegando a un final que dependerá de cada pareja. Para algunos habrá sido el inicio de una relación; para otros, sólo un momento de placer.

Algo que también podría parecer curioso pero que se presenta con frecuencia, es la participación de la comida en el juego de la seducción. Aparentemente el ofrecimiento de comida por parte del hombre a la mujer es una antigua función reproductiva. Viéndolo desde el punto de vista adaptativo, en las especies no humanas, se trata de demostrar a la hembra su habilidad de proveedor. En las personas es parte de la seducción y la sensualidad. Comer bien, beber y bailar son actos que acompañan la conquista amorosa.

La seducción, ese juego de miradas, sonrisas y contactos, resulta emocionante por sí misma y, según parece, es un legado innato de nuestra especie.

¿Se imagina cómo habrá sido hace cinco mil años?

La sonrisa

Como sabemos, la sonrisa tiene gran impacto en el juego de la seducción. De hecho, en los simios sucede lo mismo, pues ellos sonríen o al menos entreabren los labios mostrando los dientes. Pero también lo hacen cuando se sienten desafiados, expresando así una mezcla de miedo y deseos de conciliación o de apaciguar al otro.

En los humanos sucede algo similar. Por ejemplo, cuando nos enteramos de que hemos cometido un error, nos acercamos sonriendo, con la intención de minimizar las consecuencias.

Hay distintos tipos de sonrisas. Una sonrisa con la boca cerrada pero estirada, es decir, que no muestra los dientes, puede ser sólo un saludo, un reconocimiento de la otra persona o una muestra de amabilidad, sin implicar que se busque entablar una conversación o mayor contacto con la persona. Es el tipo de sonrisa que utilizamos cuando nos encontramos con alguien conocido en la calle, como una señal de: "Sí, te conozco… hola", pero nada más.

La sonrisa que muestra los dientes superiores implica mayor interés y suele utilizarse en el cortejo. Es mucho más probable que se acerque a hablarnos una persona que muestra los dientes al sonreír, que una que extiende la boca dejándola cerrada.

Y, por último, está la sonrisa nerviosa, casi defensiva, en las situaciones difíciles, que puede presentarse durante el juego de seducción pero cuyo significado será muy distinto del de aquella que invita a seguir avanzando. Es la que quiere decir: "¿Cómo me lo(a) quito de encima?" o "Aléjate", dejando ver ambas hileras de dientes muy juntos y apretados, un poco como los muestran los animales para ahuyentar al enemigo. Se trata de una especie de sonrisa irónica o una forma amable de cortar la comunicación.

Hay que saber interpretar las sonrisas para entender lo que nos quieren decir, aunque, así como las emitimos de manera espontánea, por lo regular también las entendemos sin necesidad de explicación.

Las feromonas

El amor entra por los ojos, pero también por la nariz, los oídos, el gusto y la piel.

Si bien el ritual de seducción entre dos sujetos de una misma especie es fundamental, el papel que juegan las feromonas y su detección no se queda atrás. Las feromonas constituyen el medio de comunicación química entre miembros de una misma especie y provocan reacciones por medio del olfato o del gusto.

En los animales tienen varias funciones: participan en la comunicación del peligro, en la delimitación del territorio y en la reproducción.

Para atraer a la pareja, muchos realizan danzas y cortejos. Sin embargo, las feromonas influyen bastante. A través de ellas, saben si el otro es un sujeto de su misma especie, si está en un periodo fértil y si ya ha sido anteriormente su pareja.[16] ¡Todo con el olfato!

Los humanos nos hemos vuelto menos naturistas y más sofisticados. De hecho, intentamos esconder todos los olores naturales corporales disfrazándolos con desodorantes y perfumes. No negamos que es mejor, o al menos más cómodo, carecer de fuertes olores de sudor o de pies, pero en este caso no me refiero exactamente a esos.

A veces usamos perfumes justo para atraer a una posible pareja. Lo curioso es que algunas bases de estos aromas están hechas con secreciones animales que originalmente sirven como estimulantes sexuales de esa especie.

Ahora bien, eliminando los perfumes, queda nuestro olor personal y característico, además de un sabor particular. Es difícil que uno logre detectar su propio olor, pero los demás sí pueden hacerlo.

Las secreciones de los órganos sexuales, sobre todo en el momento de la excitación, también desprenden aromas característicos que son estimulantes.

En la seducción y la respuesta a los diversos estímulos y el contacto sexual mismo, intervienen una serie de mecanismos fisiológicos que abordaremos en el apartado de las relaciones sexuales.

La moda del cuerpo

¿90-60-90? ¿Planas como espátulas, de cuellos largos y boca carnosa, o más bien rellenitas, caderonas y con cinturita? ¿De espalda ancha, panza de lavadero, alto y bronceado? ¿Cuál prefiere?

Las modas, en cuanto al cuerpo se refiere, han ido cambiando a lo largo de los tiempos y también varían dependiendo de la cultura. Sin embargo, la importancia que la humanidad ha prestado al aspecto físico —siguiendo distintos cánones de belleza— ha sido una constante a lo largo de los siglos. Por ejemplo, en el antiguo Japón, las mujeres envolvían sus pechos tratando de que pasaran desapercibi-

30

dos, en tanto que en otras culturas y otras épocas, los pechos grandes se han considerado más atractivos. En Medio Oriente, la gordura de los hombres era deseable, ya que denotaba riqueza y poder. Entre los antiguos nahuas se consideraba atractivo pintarse la cara y el cuerpo de colores, pero un método franco de seducción era oscurecerse los dientes y masticar chicle en público.[17] En alguna época el prototipo de belleza fue el de las gordas de Rubens. Después, la cinturita de avispa y la cadera ancha; en la actualidad una modelo es más bien en extremo delgada y poco exuberante.

Hoy, el aspecto físico, entre otros conflictos personales, lleva en especial a las mujeres a someterse a dietas rigurosas para mantener la "línea". Esta obsesión provoca en ocasiones trastornos alimentarios como la anorexia o la bulimia, principalmente entre adolescentes y adultos jóvenes. Tales padecimientos consisten en no comer porque se tiene la sensación de estar gorda(o), aun cuando lo único que quede sobre los huesos sea la piel; o en experimentar arranques de hambre compulsiva en los que se es capaz de comer en grandes cantidades y luego vomitar para no engordar. El problema puede llegar a ser grave y complejo, causando incluso la muerte.[18]

Pero no sólo ahora se hacen cosas que van en contra de la propia salud para tener la figura ideal según las pautas del momento. Aparentemente, los romanos tenían tendencias bulímicas; durante el Romanticismo, las mujeres pálidas y débiles eran sinónimo de belleza y en algunas épocas la gente no se bañaba, entre otras cosas, para guardar la decencia aunque esto fuera poco higiénico.

La moda en las mujeres

En el Renacimiento era de suma importancia cubrir los defectos del cuerpo con gruesas capas de maquillaje, grandes pelucas, sedas y encajes. Los polvos y las pelucas blancas eran símbolo de pureza y de nobleza. Durante el siglo XVIII, las reglas exigían que se tuviera una cintura muy fina, la cual se lograba con los corsés de fierro y las armaduras que se ponían debajo de los vestidos. Los calzones, antes reservados para las clases privilegiadas, se vuelven una prenda de uso popular en 1700.[19]

Ahora existen los calzones con relleno que aumenta el volumen del trasero y los famosos *wonderbra* que dan una forma específica al busto. Pero también a principios del siglo XIX todo era posible con el modelaje del corsé y la ropa interior, incluso con efectos especiales. Sin dejar nada al descubierto y cuidando que el cuerpo quedara por completo en el ámbito de lo privado, se buscaba resaltar las curvas femeninas exagerando los senos, la cadera y los glúteos. Si la mujer no tenía mucho busto se ponía una estructura rellena de goma y lo mismo se hacía con la parte baja de la espalda. Cuando un hombre ponía la mano sobre alguno de estos rellenos, automáticamente la goma del busto emitía palpitaciones que cesaban cuando se retiraba el contacto.[20] Sofisticado, ¿no? El corsé ajustado a la cintura daba la impresión de una gran finura acentuada por las anchas caderas simuladas por una armadura. La poco práctica ornamenta hacía de las mujeres unos figurines de apariencia muy deseable, pero en realidad inaccesibles bajo todos esos refajos. (Que deban ser deseables pero no permitir el acercamiento es algo que, de una u otra manera, se ha repetido hasta nuestros días.)

El grave problema de los corsés es que estaban tan ajustados al cuerpo que llegaban a causar serias lesiones orgánicas que podían ser fatales.

Con los pies sucedía algo similar: era un requisito que lucieran pequeños y afinados. Con ese fin, empezaron a usarse los tacones que realzan y estilizan la figura, en detrimento de los huesos y la comodidad. Los pies tenían importancia erótica, por lo cual había que cuidar su apariencia usando zapatos que terminaran en punta. Poco importaba la incomodidad, ya que, de hecho, no es sino hasta fines del siglo XIX y principios del XX cuando el calzado se fabrica diferenciando el pie derecho y el izquierdo; antes ambos eran iguales.[21]

Y bueno, ahora se usan puntas de fierro y plataformas que dan la sensación de que uno se va a ir de boca o a tropezar a las primeras de cambio.

Tal vez la apariencia sea significativa para nosotros y cumplir con ciertas expectativas físicas del momento también, pero hay de métodos a métodos y... la salud es primero.

La moda en los hombres

Con los hombres las cosas también han cambiado. Lo que entendemos por virilidad y tener aspecto masculino no siempre ha sido lo mismo; ha variado según la moda y los tiempos.

En la actualidad se da gran relevancia al desarrollo de los músculos y la imagen atlética, lo cual provoca que muchos hombres pasen gran parte de sus días en un gimnasio cultivando el físico. Si uno pregunta a niños de cerca de diez años de edad qué cambios experimentan los hombres en el cuerpo durante la pubertad, entre otras cosas contestan que les salen "cuadritos en la panza". Y si se les pide que dibujen una figura masculina, el detalle principal son los músculos grandes y marcados.

En la época feudal, el hombre debía tener una apariencia ruda. Poco a poco la norma se fue transformando, hasta que en el siglo XVIII lo ideal era todo lo contrario. La apariencia de las mujeres se cuidaba con el maquillaje, los corsés y las pelucas y los hombres no quisieron quedarse atrás. ¿Por qué si las mujeres ocultaban sus defectos ellos no podían hacerlo? Entonces, empezaron a usar maquillaje, intentando cubrir sus imperfecciones y buscando una apariencia más atractiva destacando algunos rasgos e incluso pintándose los famosos lunares junto a la boca. Además, el uso de los polvos y pelucas implicaba superioridad social.

Había una especie de fusión en el aspecto físico de ambos sexos, los que sólo se diferenciaban por algunos detalles de la vestimenta: las mujeres usaban vestidos amplios y los hombres pantaloncillos anchos hasta las rodillas, pero ambos estaban fabricados con las mismas sedas y encajes y su objetivo era "estilizar". Ambos usaban zapatos de tacón y medias de seda, y sus pelucas se hacían con cabellos de mujer para que la apariencia fuera fina y delicada. La depilación entera, en especial de la cara, era muy usada entre la alta nobleza con el fin de cultivar un cutis liso y rozagante.[22] Digamos que tendían al *unisex* afeminado.

Alrededor del siglo XIX, las diferencias volvieron a hacerse más marcadas y cerca de nuestros tiempos se revirtió la situación, pues ahora las mujeres usamos pantalones y el cabello corto, cosa que antes era impensable.

Cuando el cuerpo no cumple con el ideal

Por fortuna, en gustos no hay nada escrito y pueden satisfacerse todas las preferencias. El caso es que siempre ha existido una imagen que tendemos a seguir y una preocupación por el propio cuerpo y su forma. El problema es que si nos identificamos por completo con la idea a la que estamos expuestos a través de la publicidad, la televisión y el cine, y nuestro cuerpo y complexión no corresponden con dicha imagen, podemos sentirnos un tanto incómodos con nuestra apariencia, o aun rechazar nuestro cuerpo y agredirlo por no corresponder con lo esperado.

La imagen y la sexualidad

¿Cómo afectaría la imagen que la moda impone como atractiva y sensual la forma de vivir la propia sexualidad? Cuando la inquietud por la apariencia de nuestro cuerpo es excesiva y éste no corresponde a ese ideal, llegamos a sentirnos poco atractivos e inhibidos en la intimidad. Nos preocupamos más por no dejar ver nuestras partes poco estéticas, no sea que la otra persona nos vaya a encontrar demasiado flacos, poco dotados o poco sexis, que por la relación con nuestra pareja. Esto impediría un verdadero contacto.

Es obvio que siempre hay un cierto grado de vanidad; por suerte, pues eso nos hace arreglarnos, querer vernos bien y mantener la línea. Pero cuando se convierte en la principal ansiedad, abarca tanto espacio en la mente que deja muy poco para estar abierto y disponible para relacionarnos.

Un ejemplo sería el caso de hombres que dedican mucho tiempo a trabajar con su cuerpo en el gimnasio buscando obtener lo más posible el ideal y quizás en algunos casos olvidando la expresión de ellos mismos, escondiéndose tras un escudo lo cual dificulta el contacto con la verdadera persona.[23]

Desde luego que es bueno hacer ejercicio, mantenerse en forma, con buen tono muscular y condición física, pero tampoco se trata de ocultarse detrás de eso.

Muchos viven sometidos a constantes dietas rigurosas, buscando un cuerpo que no corresponde a su complexión. Esto se vuelve una obsesión que afecta la autoestima y, por consiguiente, la imagen proyectada hacia los demás. El caso contrario, el de la obesidad, también suele tener lazos con la sexualidad. La gordura llega a constituir un escudo para defenderse del mundo o del propio deseo, con la fantasía de que si se es atractivo no se logrará controlar el deseo y los impulsos sexuales; en ese caso sería más tranquilizador mantenerse obeso.[24]

Uno de los medios para expresar la sexualidad es el cuerpo y cuando no estamos conformes con él, cuando nos avergüenza o nos enoja, muy probablemente esto repercuta tanto en nuestra soltura, confianza y seguridad en la intimidad como en la posibilidad de sentirnos aceptados y amados por la otra persona.

Le haríamos sentir que no somos dignos de que nos quieran porque nosotros no nos queremos.

Es muy conveniente actuar de acuerdo con los propios principios, sin dejarse llevar por normas preestablecidas que no corresponden con nuestros valores; también lo es aceptar nuestro cuerpo con su estructura natural, respetarlo y mantenerlo saludable, en lugar de tratar de hacer de él algo para que nos acepten o quieran.

Cuando uno está mejor consigo mismo y satisfecho con lo que es, se relaciona en una forma más auténtica y plena con los demás.

2. Estableciendo vínculos

Por qué tendemos a formar parejas monogámicas

Pongámonos primero en la posición de que somos animales, con características específicas, pero animales al fin, y basémonos en la teoría de la evolución de las especies. Cuando nuestros antepasados todavía no se definían por completo entre *Homo Sapiens* y monos, sino que eran homínidos, vivían en clanes en los que los hombres se dedicaban a cazar y las mujeres, además de cuidar a sus crías, recolectaban frutos, raíces e insectos, parte muy importante de su alimentación y supervivencia. En un principio estos parientes nuestros se protegían en los árboles y se movilizaban la mayor parte del tiempo en cuatro patas. Por circunstancias ambientales, tuvieron que incursionar fuera de la selva protectora hacia los claros, en los cuales se convertían en presa fácil para los depredadores y tuvieron que defenderse con "armas" como piedras o varas que los obligaban a movilizarse sólo con los pies, lo que los fue llevando a ser bípedos. Otros puntos de vista afirman que el hombre empezó a caminar únicamente con los pies para cargar a sus presas, o porque necesitaba las "manos" para recolectar comida. Además, esto le brindaba otra serie de beneficios físicos y de protección que implicaba también diversas transformaciones: por ejemplo, al estar erguidos, las crías ya no podían asirse al vientre de su madre, por lo que ésta necesitaba usar sus brazos para cargarlas; por lo tanto, quedaba más desprotegida y con dificultades para recolectar comida.[25] Bajo esas circunstancias, el macho era indispensable para protegerla y procurarle alimentos para su supervivencia y la de sus descendientes.

39

Quizá para el macho hubiera sido más conveniente tener varias hembras para diseminar más su información genética, pero en esas circunstancias no le habría sido posible ocuparse de todas, acopiar la suficiente comida, protegerlas del peligro, ni del resto de los machos en época de celo.

La probabilidad de supervivencia habría sido muy poca. A él también le convenía abocarse a una sola mujer, por lo menos mientras sus hijos lo requirieran.

Es entonces, según esta teoría, cuando surge la pareja monógama, que sigue siendo la principal manera de relacionarnos.

Claro, en la actualidad muchos otros factores entran en juego en la elección del compañero o compañera, como los culturales y afectivos, mientras que los relacionados con la supervivencia pasan a un segundo plano, aunque es cierto que es más fácil criar hijos en pareja que estando solo.

EMPEZANDO UNA RELACIÓN DE PAREJA

La relación de pareja es quizás una de las más complejas; involucra un buen número de aspectos de nosotros mismos, de nuestra historia, expectativas, necesidades, estilos de comunicación, entre otros. Amamos intensamente a nuestros padres o a nuestros hijos, pero esta forma es incondicional y distinta. Somos muy cercanos e íntimos con los amigos, pero de una manera diferente. En cambio, cuando establecemos una relación amorosa con alguien pasamos por fases cambiantes que sería bueno tomar en cuenta, para mantener los pies sobre la tierra a la hora de tomar una decisión.

Primero nos enamoramos, estamos eufóricos e idealizamos al(la) elegido(a), para después, si la relación evoluciona, pasar a una etapa de amor maduro en la que vemos las cosas con menos pasión y aceptamos los defectos y las virtudes del(a) compañero(a) sin por eso dejar de enfrentarnos a crisis y conflictos propios de la vida en común.

40

Las trampas del enamoramiento

Cuando nos sentimos atraídos por una persona, la empezamos a frecuentar; si las cosas marchan bien, entramos en una etapa de enamoramiento, en la cual tendemos a idealizarla, disculparla y atenuarle cualquier defecto. Algo que en otro momento o en otra situación tal vez no soportaríamos, cuando estamos en el enamoramiento (que puede durar poco o prolongarse), lo vemos aun gracioso en el ser amado.

Queremos pasar el mayor tiempo posible con ese alguien; se da una especie de fusión. El enamoramiento es una etapa muy reconfortante: el otro lo es todo para uno y uno es igual de importante, necesario e idealizado para el otro. Cualquier aspecto negativo que surja no tiene que ver con él o ella, más bien lo adjudicamos a las circunstancias, a sus padres, a sus amistades o a alguna otra cosa. No falla el "pero si él (o ella) en realidad no es así, es que..."; siempre encontramos alguna justificación.

Pasado el enamoramiento, o se consolida el amor en la pareja o se termina la relación. Claro, a veces se mantiene a pesar de que haya constantes conflictos e insatisfacción, que es lo que deberíamos tratar de evitar, siendo más objetivos desde el principio.

Eduardo Aguilar Kubli, en su libro *Cómo elegir bien a su pareja*[26], explica cómo a veces nos cegamos a una serie de disposiciones con las que no estamos de acuerdo, por el deseo de mantener la ilusión del amor.

Al intentar conservar esa ilusión y buscar que la relación funcione, aunque para otros sea obvio que no es posible, nos aferramos a ciertos mitos, que tarde o temprano acaban desencadenando un conflicto. "Va a dejar de beber por mí; su amor por mí hará que cambie", o frases por el estilo son frecuentes cuando uno se da cuenta de que hay un problema.

Lo cierto es que uno desearía que así fuera, pero es necesario tener presente que las personas no cambian si no consideran que su conducta es indeseable y quieren hacer algo al respecto. Y aunque se esté dispuesto, hacerlo lleva tiempo y cuesta trabajo. Por eso hay que saber si uno está dispuesto a vivir con ese alguien a pesar de todo o a participar en el proceso apoyándole. Si la situación es insostenible, es mejor buscar otra persona con la que uno se sienta cómodo y a quien se acepte tal como es.

Pensar que si el otro no nos demuestra su aprecio y nos trata como nosotros desearíamos es porque no sabe cómo expresar su cariño o porque teme comprometerse, pero se le pasará, nos producirá muchas frustraciones. Tal vez sea cierto, aunque también es factible que nos guíe sólo la ilusión de que en verdad nos ama y respeta para justificarlo.

A algunos individuos les incomodan la unidad y el compromiso. Sienten como si estuvieran atrapados y perdieran su identidad. Para huir de esa sensación, a veces le dan mayor importancia a las situaciones externas —por ejemplo, salir siempre acompañados, poner toda la atención en los hijos para evitar estar en pareja o darle mayor atención a la familia de nacimiento—, que a un compromiso completo. El ideal sería guardar una identidad propia, incluyendo actividades y espacios, compartir con el otro sin llegar a fusionarse o perderse y buscar zonas o amistades comunes para que la pareja no deje de ser la prioridad, la relación privilegiada. El problema es que esto no siempre se logra. A la larga, la frustración que provoca sentirse en segundo plano genera enojo que de una manera u otra terminaremos expresando.

Otra de las razones por las que permanecemos con una pareja sin sentirnos totalmente a gusto es pensar que es la única que nos querrá y que no somos capaces de encontrar a alguien con quien sentirnos mejor y llevar una buena relación. Pero eso es sólo un mito, reforzado por la poca confianza en nosotros mismos y en lo que somos capaces de dar. Todos poseemos algo especial y único que atrae a muchas personas; aun cuando permaneciéramos mucho tiempo solos, ser nuestra propia compañía suele ser muy agradable; es viable conocernos, fortalecernos y divertirnos al estar con nosotros mismos. Hay que confiar en nuestra fuerza y talento para ser agradables para otros; si alguna vez tuvimos la capacidad de amar intensamente es porque esa cualidad está en nosotros y lo volveremos a hacer.

No es posible esperar que los demás sean como queremos, ni tampoco se trata de cambiarlos. Si nos gusta la persona como es, ya es un buen avance, pero si desde el principio nos molestan varias cosas y no nos sentimos bien, será mejor evaluar la situación.

¿Es costumbre, ilusión, miedo, o en realidad amo a esa persona?

Muchas veces permanecemos junto a quien no termina de convencernos o no nos satisface. Las razones son diversas: nos sentimos presionados a tener una pareja o a formalizar una relación; pensamos que si no es esa persona no habrá otra; creemos fervientemente que las cosas cambiarán tarde o temprano. No se trata de terminar una relación a la primera dificultad que se presenta, pero si ya nos quedó claro que no hay mucho que hacer y nos sentimos mal siguiendo así, lo mejor es terminar la relación.

Recuerde que es un mito que nadie más volverá a fijarse en nosotros o a querernos. Si nos quedamos allí sólo porque "más vale malo por conocido que bueno por conocer" nos cerramos la oportunidad de conocer a alguien con quien relacionarnos de una forma constructiva y satisfactoria.

Decíamos que por mantener la ilusión del romance, o por el miedo a estar solo, a veces nos cegamos ante cosas evidentes. Pero, ¿cómo saber si uno no está viendo y en realidad hay algo que no anda bien? Para Aguilar Kubli[27], hay que tomar en cuenta ciertos puntos para evaluar una relación.

Por un lado, es necesario que desde el inicio nos guste la manera de ser y de actuar de él o ella; si al conocerla la queremos cambiar porque nos molesta su manera de ser, no se nos augura un buen futuro.

Conviene revisar si el ser con el que pensamos entablar algo más serio cubre o no nuestros requerimientos y llena nuestras expectativas. Por supuesto que nunca encontraremos a alguien con la imagen ideal, pero sí con más cosas que nos agraden. En este caso, algunas características suelen ser indispensables: "Jamás viviría con un donjuan", "No soportaría a una mujer manipuladora" o cualquiera otra que se le ocurra. También es posible que uno busque a una persona muy activa o comunicativa, elementos que se convierten en indispensables para convivir y comprometerse. Si al establecer contacto es obvio que la otra persona no tiene lo que para uno es esencial, quizá habría que pensarlo con detenimiento.

Hay aspectos más prescindibles. Tal vez nos gustaría que el(la) elegido(a) fuera detallista y no lo es, pero eso no nos causa mayor conflicto. Quizá desearíamos que fuera deportista, pero no es causa de separación que no soporte el ejercicio. Eso lo sabe cada quien, porque lo que para uno es básico, para otro es trivial. La evaluación se basa en sus sentimientos y necesidades, en lo que se supone que a usted le *debería* importar.

Desde luego, habrá cosas que nos gusten y otras que no. Si todavía nos quedan dudas, analicemos cuán plenos nos sentimos en este momento con nuestro(a) compañero(a).

Preguntarnos, además, si nos sentimos satisfechos emocionalmente, si hay buena comunicación, apoyo mutuo, interés de ambas partes, respeto, confianza; si nos divertimos juntos, si nos atraemos en lo físico y si la relación contiene otros aspectos que nos importen.

Si la mayoría de preguntas y puntos mencionados tienen una respuesta positiva es buen signo; si, por el contrario, le faltan muchas de estas cosas, medite si vale la pena continuar.

Confíe en sus percepciones y sentimientos, así como en su derecho a tener una relación que lo satisfaga. "A fuerza ni los zapatos entran", nada más lastiman.

Cómo elegimos. Una posible explicación

Independientemente de que una persona nos guste, nos parezca agradable, simpática, interesante, o de que la seducción haya sido efectiva, desde el punto de vista de algunas teorías psicoanalíticas[28] lo que nos atrae es algo que va más allá, algo inconsciente.

Ciertas teorías[29] afirman que escogemos a alguien igual a uno de nuestros padres (o, por el contrario, su opuesto) y que tendemos a repetir la relación que ellos tuvieron.

Todo eso es de manera inconsciente, es decir, si tuvimos un padre dominante y controlador, buscaremos inconscientemente una pareja que nos domine y controle o a quien dominemos. Si tuvimos una madre alcohólica, nos atraería alguien con problemas con el alcohol o las drogas; y si uno de nuestros progenitores fue golpeador, tal vez nos inclinemos, sin saberlo en principio, por un(a) compañero(a) violento(a) y golpeador(a). De tal manera, estaríamos repitiendo, hasta cierto punto y en una versión diferente, lo que fue la relación de nuestros padres. Sin embargo, ésta es una de muchas explicaciones y no significa que todos estemos programados para casarnos con nuestro padre o nuestra madre, ni que si ellos se llevaban mal nosotros lo hagamos también. Además, si somos propensos a eso, siempre existe la posibilidad de que nos percatemos e intentemos nuevas alternativas.

Otras teorías[30] afirman que cuando escogemos pareja, buscamos en el otro algo de nosotros mismos, algo que admiramos y amamos, un aspecto con el cual nos identificamos. También puede ser que, inconscientemente, a través de la otra persona vemos la posibilidad de alcanzar un ideal que solos no consideramos factible lograr; o, por el contrario, sentimos que tiene, aún más marcados, los defectos que no aceptamos en nosotros, lo que nos permitiría sentirnos mejor: "Finalmente, no estoy tan mal". Como es obvio, en la mayoría de los casos no lo hacemos con premeditación, sino que al estar con el otro nos percibimos mejor, con más fuerza, y eso nos incita a seguir con él o ella.

Todos establecemos un tipo de relación a partir de las características de cada uno; aunque es factible que tendamos a repetir pautas de conducta que hemos aprendido a lo largo de nuestra vida, tal vez llegue el momento en que ya no nos sean funcionales.

Por fortuna siempre existe la posibilidad de adoptar pautas más flexibles que nos satisfagan.

Costumbres diferentes

Es sabido que, por lo menos en esta sociedad occidental, el matrimonio monogámico es la forma legal, social y religiosamente permitida y aceptada de vivir en pareja. El matrimonio es una unión legal y/o religiosa entre un hombre y una mujer que dura hasta que se anule, haya divorcio o uno de los cónyuges fallezca.[31]

A través de él, dos personas se unen con la intención de formar una familia; es el contrato válido y la estructura social que facilita que el hombre y la mujer satisfagan sus necesidades de afecto, sexuales y de procreación.

Al casarse, cada cónyuge busca un complemento, un apoyo y un compañero.

La percepción y la manera de llevar a cabo este contrato han variado a lo largo de los tiempos para cumplir con las funciones requeridas en cada momento. El matrimonio surgió como medio de control social a partir del cual se determinaba quiénes eran los hijos de cada hombre, así como los derechos y las obligaciones que como tales les correspondían.

También, bajo ese razonamiento y con ese objetivo, empezó a darse crucial importancia a la virginidad femenina y se estableció el vínculo matrimonial como el único medio para dejar que se exprese la sexualidad de la mujer. De esta manera, un hombre estaría "seguro" de quiénes eran sus hijos y continuaría su patrimonio a través de ellos.

Según Aristóteles y Platón[32], para las clases altas, este enlace tenía como principal propósito engendrar hijos varones que se convertirían en buenos ciudadanos de la *polis*. Se aconsejaba que los matrimonios fueran arreglados con el fin de que ambos cónyuges estuvieran en una edad reproductiva óptima, para garantizar así la "calidad" de la prole.

Al caer el imperio romano, los cristianos buscaron controlar el matrimonio. Desde mediados del siglo IV quedó determinado que los propósitos de tal unión eran la procreación y la fidelidad sexual; además, por ser un sacramento, resultaba indisoluble.

No obstante, las formas han variado a través de los tiempos, lo que ha dado lugar a otras alternativas. Hace algunos siglos, el matrimonio católico se practicaba así: los futuros esposos iban con un sacerdote a que los casara, hacían una fiesta y se convertía en un asunto de conocimiento público. También se aceptaba que una pareja se jurara amor en la intimidad. Si al ir caminando por el bosque él le preguntaba a ella si quería ser su esposa y ella contestaba que sí, esta unión se consideraba válida porque el derecho romano afirmaba que la voluntad de matrimonio hacía al matrimonio; por tanto, bastaba con querer estar con alguien. Esos casamientos eran clandestinos pero legales.

El problema es que, una vez jurado el matrimonio, algunos se arrepentían y luego se casaban con otra persona asegurando no haber estado unido a nadie antes; el(la) abandonado(a) no tenía manera de probar lo contrario, por lo que perdía cualquier derecho; por ejemplo, lo que entendemos ahora como pensión para cubrir los gastos de los hijos.[33]

En la búsqueda de una respuesta a la inseguridad jurídica que esto ocasionaba, se propusieron alternativas. Una fue de los protestantes. Lutero[34] decía que todo matrimonio realizado sin el consentimiento de los padres no era válido.

Aun cuando la pareja ya tuviera hijos, si el progenitor de alguno no estaba de acuerdo, le era permitido anularlo, porque la obediencia a los padres se consideraba esencial. La iglesia católica planteó otra solución en la que los padres de familia tenían un poco menos de poder sobre los hijos.

A partir de 1563, los matrimonios católicos debían celebrarse de una manera específica: frente al párroco y en presencia de por lo menos dos testigos. De lo contrario, serían nulos. Protestantes y católicos no lograron ponerse de acuerdo, por lo que la iglesia católica aclaró que no imponía su forma a parejas que no pertenecieran a esa religión.

¿Qué sucede en México?

Hablemos de otras religiones y costumbres; veamos un poco lo que pasa en México con la diversidad cultural en la que vivimos. Sabemos que hay muchas culturas indígenas que siguen prácticas, costumbres y tradiciones que en las ciudades se han perdido u occidentalizado casi por completo, es decir, las hemos adaptado e incorporado a nuestra forma de vida. El matrimonio, el cortejo y la manera de reaccionar frente a ellos son un ejemplo.

En más de una comunidad indígena, la boda se acompaña de una serie de ritos con implicaciones y significados sociales. La unión de la pareja no siempre está asociada a lo legal; de hecho, no es de extrañar que en varios casos ni siquiera exista un registro civil. El enlace religioso se usa bastante más pero, aun así, lo que gira alrededor de éste es lo fundamental.

En realidad, a lo que más relevancia se le da es a las tradiciones del pueblo, cuya puesta en práctica en ocasiones inicia varios años antes de la unión legal o religiosa. Estas tradiciones previas son tan importantes porque, ya juntos, el lazo es mucho más difícil de romper, por lo que en caso de arrepentirse no se les permitiría regresar a su casa; por ello, se prefiere pensarlo bien antes de hacerlo.

¿Cuáles son las tradiciones? En algunos pueblos indígenas —digo algunos para no generalizar, cada uno tiene una cultura distinta—, el novio rapta a la novia, quien está de acuerdo, y al día siguiente se casan. En otros, como es el caso de ciertas comunidades tzotziles[35], el procedimiento es distinto. Para empezar, dar este paso implica la mayoría de edad y convertirse en miembros responsables de la comunidad. Es algo que empieza a planearse entre los padres, aunque no por eso los hijos están obligados a estar de acuerdo con esa elección. De la misma manera que los occidentalizados escuchamos expresiones como: "Ese muchachito me gusta para ti", o: "Mira qué niña tan mona; te conviene", en estas sociedades más bien se les comenta a los padres, en especial las madres: "Me gusta tu hijo para yerno", o: "Dame una nuera, una ayudante, una compañerita".

Al buscar a una pareja, lo que comúnmente sucede es que el joven escoge a una muchacha, a veces con ayuda de otros hombres que le dan consejos acerca de quién le conviene más. Si no logra decidirse, pide ayuda en la iglesia o a la luna para saber cuál debe ser la elegida. Ya que sabe quién ha de ser su esposa, va con sus padres a casa de la muchacha con una serie de regalos, como fruta y alcohol. Los presuntos suegros la niegan en un principio dando explicaciones de que ella es demasiado joven, que ayuda en su casa, o que es muy floja y no les conviene, así que se van y les devuelven sus regalos. Pero el rito vuelve a comenzar, hasta que la familia accede y los muchachos se casan o desisten. ¿Por qué tanto? Porque aceptar la propuesta demasiado rápido implicaría que les urge que su hija se case; sus razones habrían de tener.

Por lo general, la mujer se resiste al matrimonio, pero finalmente su madre le explica que ése es su destino y que debe resignarse. El ritual, las visitas y los regalos siguen hasta el día de la boda. Unos días después, el nuevo marido se va a vivir a casa de su esposa llevando, una vez más, alimentos y sus utensilios de trabajo.

Se considera que si la madre es de buenas costumbres, no bebe y la muchacha siempre sale acompañada, se casará más rápido. Si ya ha tenido relaciones sexuales, de seguro le tocará un divorciado o un viudo. Se les enseña que la infidelidad las puede llevar hasta la muerte, pues en ocasiones si el hombre mata a su mujer infiel o al amante se considera justificable.

En ciertos aspectos estos rituales son comparables con las costumbres urbanas.

Por ejemplo, en algunos casos se adquiere una posición social más respetable al estar casado, como una transición en la que se supone que los hombres han sentado cabeza y se vuelven más responsables.

También ocurre que una mujer se niegue varias veces a una propuesta amorosa para no dar pie a que se hable mal de ella, o que disimule su interés o aparente indiferencia hacia el varón, un poco para proteger su reputación y otro tanto como parte del juego de la conquista, pues ella "debe darse a desear y a respetar". Otro punto sería la importancia de venir de una "buena familia", es decir, de una que observa estrictamente las reglas sociales.

Los motivos

En otras épocas los matrimonios se acordaban por intereses de los padres, importando poco el amor y los deseos reales de los hijos. Por un lado, debían amarse; por el otro, era lo que menos importaba.

En la actualidad, el amor y el conocimiento mutuo de la pareja son cruciales; al menos, así pretendemos que sea. Por medio de esta unión se busca afecto y con quien compartir un proyecto de vida. Más allá del deseo de convivir con alguien, de estar enamorada(o) y querer pasar en su compañía el resto de su existencia, hay algo que atrae a las personas a contraer matrimonio formal y a llevar a cabo una ceremonia.

La atracción sexual entre dos personas es un factor importante, lo mismo que el enamoramiento y el amor. Además, hay una presión social que ejerce una cierta fuerza sobre los individuos, para quienes el hecho de casarse es algo predeterminado y parte de sus vidas, un paso más que hay que dar. Pero, sobre todo, hay una motivación especial que es, en la opinión de Jack Dominian, autor del libro *El matrimonio*[36], ocupar un papel en la sociedad que otorga un estatus legítimo y aceptable, el cual corresponde, según lo estipulado, al adulto.

A veces la calidad de la relación pasa a un segundo plano; esto ocurre cuando se busca a alguien adecuado para cumplir con un requerimiento social. Otras, uno llega a casarse más bien por inercia o por sentir que no hay otra opción, para procrear hijos o porque nos parece la manera más cómoda de vivir.

Muchas motivaciones están relacionadas con el hogar familiar. Por ejemplo, hay quienes ven en el matrimonio una manera de salirse de su casa y formar algo propio en compañía de la persona que se ha escogido; bueno, eso es lo que se desea al tener una pareja: compartir con el otro.

El problema aquí es que *otro* es más bien el medio para lograr ese objetivo: poseer algo propio, en lugar de que estar con la persona sea el propósito en sí mismo.

Casarse también representa una forma de separarse e independizarse de los padres; en tales circunstancias, el matrimonio se ve como una salida viable para quien eso le resulta difícil. Asimismo, cuando surgen conflictos entre padres e hijos, la pareja —del hijo o hija— funge como apoyo para la separación y como un instrumento oponente a los padres, que facilita alejarse. Dominian[37] considera que "muchas de las parejas jóvenes que recurren a la ayuda de consejeros matrimoniales parecen haberse casado como consecuencia de un conflicto con sus padres, más que por el hecho de sentir realmente algo por el otro".

Lo que sucede es que cuando hay problemas familiares el primer impulso lleva a sentir que el matrimonio va a resolverlos, o por lo menos que los ayudará a estar fuera de ellos; entonces la pareja se vuelve una especie de "tabla de salvación".

Pero, pasado un tiempo, después de que las aguas se han calmado, salta a la vista lo que falta en la relación y el apoyo que ésta representaba ya no es necesario, por lo que el vínculo se cuestiona y aparecen conflictos.

Lo mismo ocurre cuando, por el afán de independencia, se pasa de depender de los padres, a depender de la pareja. La inquietud de individualización no se resuelve, sino que se disfraza y se le cambia de contexto, con lo que da la apariencia de que ha sido satisfecha, aunque tarde o temprano sale de nuevo a relucir.

Eso no significa que las parejas sean dependientes; más bien, hay momentos en los que una persona se une a otra buscando ser independiente y paradójicamente depende más de ella. Y ese aspecto no es algo que los demás puedan resolver por uno, es algo personal que se trabaja dentro de uno mismo.

Las posibilidades de que haya éxito o fracaso, y sobre todo, satisfacción en la relación dependen mucho de las bases y los motivos por los que se haya contraído matrimonio.

La satisfacción en el matrimonio y el noviazgo

El matrimonio, además de estar motivado por el amor, la atracción física y el deseo de compartir, representa una manera de tener algo propio, de separarse de los padres y de conseguir un estatus social. También, o eso es lo que se llega a sentir en determinado momento, de tener hijos y estar acompañado en el futuro.

Por otra parte, el noviazgo es una forma de conocer a la persona, de intimar con ella y compartir antes de tomar la decisión de un compromiso mayor; a veces no funciona y se vuelve a iniciar una nueva relación con alguien más con la expectativa de que en esta ocasión los resultados sean más satisfactorios.

Investigaciones realizadas con un mismo grupo de individuos cuando eran solteros y después de varios años de casados indican que el noviazgo constituye un proceso importante para el nivel de satisfacción que desea obtenerse en el matrimonio.[38] Se observó mayor tendencia a la satisfacción en las parejas que habían vivido noviazgos de duración promedio, ni demasiado largos ni demasiado cortos. Claro, en ese sentido la vida es una tómbola: hay quienes se casan a la semana de conocerse y son felices toda su vida y otros que son novios, digamos, por cuatro años y se divorcian al año de casados.

Son dos los elementos principales para que un noviazgo dure: el amor y el compromiso. Cuando una relación continúa por amor hay mayores posibilidades de que sea satisfactoria; cuando es por compromiso, por un sentimiento de deber y presión social por mantenerla, su pronóstico es desfavorable.

Otro factor, considerando a las parejas investigadas que resultaron más satisfechas, es que tuvieron un noviazgo sólido.

Hay ciertas características personales que también influyen. Se ha encontrado que, cuanto más estable haya sido la persona en su juventud y más contenta haya estado consigo misma, mejor desenvolvimiento tendrá su relación matrimonial.

La edad en la que se contraen nupcias también es una pieza de este rompecabezas; en promedio, las parejas que se unen antes de los 20 años o después de los 30 son más propensas a enfrentar fuertes conflictos que las que lo hacen dentro de este rango. Bueno, el promedio de edad en el cual la gente llega al matrimonio varía según las épocas; esto no es una campana de alarma: "¡Ya cásese! o le va a ir mal" porque, en definitiva, hacerlo sólo porque uno se encuentra en el apuro es un factor que refuerza la posible presencia de problemas e insatisfacciones. Lo que sí es cierto es que si está muy joven no se apresure, hay más tiempo que vida.

También se ha visto una curva común en las parejas[39]: la atracción del(la) compañero(a) y el nivel de satisfacción va disminuyendo con el crecimiento de los hijos, hasta llegar al punto más bajo durante la adolescencia de éstos. Dicha situación se debe a la crisis de la edad adulta y a los cuestionamientos que representa tener hijos de esa edad. Pasado este punto, la curva vuelve a subir y la satisfacción también (aunque, obviamente, hay quienes con los años se soportan menos, pero eso está más relacionado con que desde el principio faltó algún componente o los integrantes cambiaron en distintas direcciones y sus necesidades también). Así, hacia el final de la vida la satisfacción puede ser mucha, claro, si hacemos un esfuerzo.

Cómo medir la satisfacción

Por un lado, diríamos que la satisfacción es algo que se siente, que se experimenta, aunque algunas veces al estar dentro de una relación y acostumbrados a vivir de esa manera nos parece normal y ni siquiera nos damos cuenta. Dominian afirma que la satisfacción se definiría como felicidad, calidad de vida, adaptación, integración y ausencia de sufrimiento.

También vale la pena analizar ciertas áreas, como el grado de comunicación en la pareja respecto de las actividades cotidianas; por ejemplo: "¿Qué tanto hablamos mi compañero(a) y yo sobre lo que hicimos en el día?"

La capacidad de escuchar críticas de una forma constructiva; la cantidad de tiempo que pasan juntos y si esto les gusta o no; el interés por compartir actividades; el deseo y la satisfacción sexuales; el nivel de entendimiento en cuanto a la educación de los hijos; la sensación de estar felizmente casados; las dudas y el arrepentimiento por haberse comprometido con esa persona, y la prevalencia del enamoramiento también son puntos que intervienen en el grado de satisfacción.

Es posible que haya mucho amor entre dos personas; sin embargo, el matrimonio no funciona; es que hay distintos tipos de amor: algunos son más pasionales y otros más de compañeros. Para que el amor esté completo, son necesarios tres componentes: la pasión, que se refiere a la atracción física y erótica; el compromiso, que implica la aceptación de estar enamorado y el deseo de seguirlo estando; y la intimidad, que se asocia con compartir, la confianza, la comprensión y el deseo de procurar lo mejor al otro, de buscar su máximo bienestar.

Por supuesto que en toda relación hay altas y bajas, pero cuando las bases son buenas, cuando hay amor y deseos de solucionar los conflictos, es más factible llegar a sentirse satisfecho.

Sexualidad y matrimonio

Cuando hablamos de matrimonio suponemos que es el estado en el cual, social y culturalmente, la sexualidad está aceptada y permitida; es más, debe ejercerse.

Dentro del vínculo familiar, se sobreentiende que hay una unión privilegiada: la pareja. En esta relación, a diferencia del vínculo con los hijos u otros miembros, se da una vida sexual, o pensamos que así es.[40] Digo pensamos porque para muchos, conforme los años pasan y la actividad deja de ser novedad, se va perdiendo el interés. Esto se asocia más con la creencia de que así debe ser, que siempre sucede o que ya no es adecuado para la edad, que con alguna causa directa para que así sea.

Si bien esperamos que como parte de la vida en pareja haya actividad sexual, no existe ninguna preparación para ello, aun cuando los problemas en esta área son con frecuencia fuentes de conflicto. A las mujeres se les educa de una manera y a los hombres de otra; a ambos se les enseña a expresarse en formas diferentes y a tener distintas expectativas, pero luego se pretende que vivan juntos, se entiendan y se lleven bien. Para eso tendrían que volver a aprender todo. Adaptarse a alguien completamente diferente implica esfuerzos y esto se exacerba cuando no se presenta ningún punto en común.

Es difícil ver la sexualidad como algo bonito —como aseguran que debe ser dentro del matrimonio— de la noche a la mañana, si siempre se nos dijo que es algo vergonzoso, sucio y prohibido.

Cuando se acerca la unión pública de la pareja, intentamos prepararlos para la vida sexual; quizás hablamos sobre métodos anticonceptivos, embarazo, cuidado de los hijos y asuntos por el estilo. Tal vez los padres o alguna persona cercana brinden consejos sobre la intimidad, pero es difícil aprender de oídas cómo llevarse bien con el(la) compañero(a), expresar afecto, ser cariñoso y que la pareja, como célula, sostendrá una vida íntima aparte del resto de la familia, cuando nunca lo hemos vivido así. ¿Cómo? Si la relación de nuestros padres ha sido distante, si jamás los hemos visto darse un beso o un abrazo (porque "esas cosas no se hacen") o decirse cosas bonitas. Por el contrario, cuando todo pareciera que es color de rosa y nunca hay un pleito entre ellos, ¡oh, angustia el día que eso nos sucede!

Finalmente, aprendemos nuestros parámetros de relación a partir de lo que hemos vivido y de cómo estamos acostumbrados a funcionar. Por fortuna, si así lo queremos, estamos en condiciones de ampliar esa gama y adquirir más herramientas. Tampoco tiene que ser tan limitante o determinante.

La sexualidad es una manera más de revelarnos como personas dentro de la relación de pareja y un aspecto importante en la intimidad, pero no esperemos que cubra todas las necesidades de afecto y compañía del individuo.

Estar bien en la intimidad con la pareja ayuda a que los dos se sientan más seguros, pero para eso se requiere que haya la suficiente confianza como para ser vulnerable frente al otro. Es todo un proceso.

Cuando la sensación es de enamoramiento, es muy probable que la sexualidad se viva de una manera más pasional. Pero llega un momento, que llamaremos de amor maduro o de amor entre compañeros, cuando la sensación de intimidad y compromiso es más fuerte y las chispas de la pasión se atenúan, aunque no por eso desaparecen.

El amor maduro no implica que la vida sexual deje de ser atractiva o satisfactoria; por el contrario, si los miembros de la pareja han logrado una buena comunicación y conocerse mejor, dentro de este marco de confianza y seguridad, significaría mayor unión y placer. Sin embargo, para que esto suceda hay que dar a la vida sexual la importancia que amerita, asimilarla como parte de nosotros mismos y de la convivencia con él o ella. Si la dejamos olvidada pensando en que sola va a funcionar, es posible que caigamos en la rutina.

Unión libre

En nuestra época hay una serie de mensajes contradictorios sobre el matrimonio. Quién no ha escuchado que se le diga a algún soltero: "Ya estás en edad de casarte, ¿no? A ver cuándo" y cinco minutos después: "¡Qué bueno que no te has casado!" Abundan esa clase de comentarios. Veamos un ejemplo: una señora se encuentra a un sacerdote que va a la capilla para unir a una pareja y le pregunta: "¿Una boda, padre?", a lo cual el religioso contesta: "Pues sí, ya ni modo; ya ves que se empeñan en casarse". Es sorprendente que alguien que debe considerar el matrimonio como el estado ideal del ser humano, como algo deseable y sagrado, exprese que la gente "se empeña en casarse". Éste es un claro ejemplo de un mensaje completamente contradictorio: "Hazlo, porque así debe ser, pero es lo peor que te puede pasar". Y si en lo social causa tanto conflicto y los encargados de promoverlo también lo rechazan, ¿por qué es tan poco aceptada la unión libre en nuestra sociedad? Algunos piensan que el compromiso no es el mismo y que la seguridad acerca de la estabilidad de la pareja es menor.

También se duda del verdadero deseo de permanecer con esa persona y se piensa que no legalizar el enlace es como querer evadir un compromiso. El aspecto de la libertad para vivir la sexualidad y la permisividad en uno u otro tipos de relación es algo que inquieta.

56

Para muchos, la unión libre no presenta inconveniente pues, tal como sucedía en los matrimonios secretos, lo importante es el compromiso moral que se adquiere y no el reconocimiento social y legal que otorga el matrimonio. No obstante, los individuos que opinan que tal unión es una buena opción confirman que el matrimonio da más seguridad, porque otorga derechos ante la ley y garantiza —aunque en realidad no es así— que la relación va a ser duradera y estable. Pero, ¿cómo saberlo realmente? Para más de uno, casarse implica adquirir una serie de derechos y obligaciones, "es saber que eres de él y que él es tuyo". Por otro lado, también hay quienes piensan que de ninguna manera una persona puede pertenecer a otra ni tener derechos sobre ella: "Hacer algo por obligación o pensar que se posee el derecho a exigir sería un error".

Además de esa garantía, se considera que al estar casado existe mayor exclusividad sexual que cuando no hay un compromiso legal. Se piensa, además, que en la unión libre es mucho más fácil cambiar de opinión y dejar al(la) compañero(a). Una vez que eso se concreta se sostendrán relaciones sexuales con otras personas, con el riesgo implícito de contraer infecciones transmitidas por esa vía.

Se dice que la unión libre está bien, pero cuando de sexualidad se trata, todo cambia. En ese momento es común que se le dé la connotación de pasajera y poco fundamentada.

Como socialmente las relaciones sexuales son mejor vistas dentro del matrimonio, las premisas que daban importancia al amor, al compromiso real y la voluntad de estar juntos, se van por la borda, porque, por lo señalado, si no se está casado la gente es tomada como libertina y poco estable.

Si preguntáramos si cambian la relación de pareja y la sexualidad antes y después del matrimonio, la mayoría de las personas afirmarían que sí. Durante el noviazgo se procura mostrar el lado amable, ser condescendiente y conocer al otro, pero cuando ya se "tiene asegurada" a la pareja por haber firmado un papel entonces uno puede abandonarse y empezar a a dejar ver las partes no tan bonitas, a descuidar la apariencia física, a omitir los detalles y a no brindar atenciones al cónyuge; total, ya se le ha conquistado. Así, la sexualidad también deja de ser conquista y romance, para volverse, al igual que otros aspectos, una obligación. Es decir: "Ahora me cumples". Por otra parte, para algunos los contactos sexuales antes del matrimonio tienen un tono prohibido, lo que les imprime un matiz distinto.

¿La unión libre haría que todo eso dejara de ser así? En realidad no, aunque, por fortuna, no en todos los casos la sexualidad se vuelve una obligación, ni se pierde el interés por conquistar a la pareja y conservarla; tampoco es cierto que con los que viven en unión libre suceda lo contrario. Lo más importante, en efecto, son la voluntad y la disposición para convivir, compartir y amar a alguien, además de que hay que procurar que la elección sea la adecuada y, a partir de ello, luchar porque la relación funcione y perdure. Con o sin papel, si esto no se presenta, será difícil que la relación crezca. En cuanto a la sexualidad, ¿qué es lo que se supone es lo más importante, el amor o una firma en un papel? Claro está que es necesario hacer muchas consideraciones antes de decidir o no mantener relaciones sexuales, pero lo mismo debe pasar antes de casarse.

Como ya comentamos, casarse va más allá del deseo de vivir con una persona; lo que es un hecho es que hay diversas motivaciones y situaciones atractivas para ello. Tan es así que en países del primer mundo 50 por ciento de quienes están en unión libre terminan casándose.[41] Pero también es cierto que el matrimonio legal y/o religioso no garantiza que la relación dure; tristemente, también cerca de 50 por ciento de las parejas terminan divorciándose. Un porcentaje bastante alto, ¿no cree?

3. Conflictos en la pareja

La vida en pareja es todo un proceso, mismo que pasa por diferentes etapas, la primera de las cuales es quizá la del enamoramiento. Una vez desidealizada(o) la(el) compañera(o), es posible que llegue el amor maduro, que marca un cambio en la convivencia y relación de las dos personas. La idealización y desidealización durante el enamoramiento es algo que se repite constantemente. Hay momentos en que las cosas van bien y otros que son de crisis. Eso ayuda a crecer y evolucionar, puesto que estas situaciones resultan positivas si de ahí brotan nuevos recursos para seguir adelante.

La dinámica que se forma suele ser muy compleja; lo que buscamos en un principio, eso que nos atrajo del otro y nos hizo establecer un vínculo, es esencial para entender lo que pasa en la actualidad.

Maneras de relacionarnos hay muchas. El punto clave para diferenciar entre una relación patológica y una satisfactoria sería que en la primera los parámetros fueran siempre los mismos y se cayera en un círculo vicioso del que no es posible salir. Pero si se presentan problemas y éstos son rebasados con la disposición y el empuje de ambos cónyuges, vamos por muy buen camino.

Cuando empieza el conflicto

Dentro de la dinámica de pareja se han identificado diferentes formas de relación en las que cada uno de los miembros juega un papel específico.[42] Lo que en un principio nos atrae hacia el otro es, entre otras cosas, la posibilidad de desempeñar dicho papel, pero cuando no tenemos otra posibilidad y cambiar de rol implica romper con el lazo de unión, entonces empieza el conflicto.

Imaginemos una relación en la que él es exitoso en lo profesional y lo social y ella se siente inferior. Ella lo admira y haría cualquier cosa por él; el hecho de que él la quiera la hace sentir más importante. Él se siente bien con su mujer justo porque ella lo admira; lo hace sentir valioso. Además, se siente libre porque ella piensa que todo lo que él hace está bien. Pero llega el momento en que eso que él hace y por lo que ella lo admira se vuelve una obligación, provocada por un círculo vicioso en el que él dice: "Yo valgo porque tú me admiras", y ella: "Yo te admiro porque tú vales". En tal situación, ambos se convierten en presas de lo que en principio los unió. El problema no radica en admirar o no a la pareja, sino en enredarse en esta maraña.

Lo mismo ocurre cuando somos atraídos por alguien que necesita sustento. Para uno es muy satisfactorio sentirse útil y ayudar, en tanto que el otro se siente sumamente agradecido y protegido. Eso estaría bien, ¿no? Pero cuando la situación se transforma y uno no deja salir al otro del hoyo para continuar siendo útil y éste tiene que agradecer la bondad del otro por la eternidad, surgen múltiples reproches. Lo que al inicio era: "Te necesito porque eres muy bueno(a)" y: "Soy tan bueno porque me necesitas", ahora es: "Te reprocho porque eres ingrato" y: "Soy ingrato porque me reprochas".

Lo anterior se relaciona con los tipos de vínculos donde uno de los dos tiene que estar mal para que el otro esté bien: "Si tú te deprimes yo estoy bien para cuidarte, pero si tú ya estás bien, yo me deprimo para que me cuides". O, más típico y claro aún, cuando uno de los dos expresa su ira y el otro responde enojándose más. ¿Cuál es el resultado? Por lo general el primero acaba ofreciendo disculpas.

¿Qué pasa en las luchas de poder? En este caso lo principal es el miedo a depender del otro y ser sometido por ello. Hay un dominante y un dominado, aunque muchas veces sucede que el dominante es el dependiente y el dominado el poderoso. Se trata del poder "por debajo del agua" del que se habla con frecuencia. Muchas mujeres, por ejemplo, sostienen: "Yo lo dejo sentir que él es el que manda cuando la que manda soy yo". Lo que los une originalmente son la autonomía y actividad de uno y la pasividad y docilidad del otro, por lo cual si se quedaran estancados, desencadenarían un conflicto.

Cada pareja es única y no es bueno generalizar ni encasillar las relaciones interpersonales en categorías (de todos modos, habría muchas más).

La mayoría viven momentos en los que hay una lucha de poder, en los que se cede, en los que uno admira al otro —sin por eso llegar a nulificarse como persona—, en los que se es más maternal o paternal o se necesitan cuidados y descansar en el otro.

Si poseemos la capacidad de movernos de un lugar a otro manteniendo el contacto y la comunicación con la pareja será mucho más difícil que caigamos en estos círculos viciosos.

La pareja ideal

Ante todo lo planteado surge la pregunta: ¿existe la pareja ideal? Quizá no. De hecho, ideal significa que no se puede alcanzar, que no es real. Sin embargo, sí existe la vida satisfactoria en pareja, aunque no es tan fácil.

A lo largo de la relación se sufren transformaciones, reajustes y crisis naturales y necesarios para crecer.

La pareja vive diferentes etapas y para pasar de una a otra requiere experimentar pérdidas, por lo menos la del estado anterior. Esto último no debe tener una connotación negativa, ya que es un cambio y todo cambio genera miedo, incertidumbre, además de que implica dejar algún aspecto de la condición actual. Pero si por este temor optamos por permanecer igual, nos estancaremos y a la larga también perderemos la posibilidad de conocer nuevas alternativas y de desarrollarnos, lo cual conduce al deterioro de ambos miembros y de su relación.

La vida en pareja es un proceso, no una fórmula que nos garantice la felicidad eterna.

La autoestima y la posibilidad de contacto

En el tipo de relación que establecemos y cómo nos sentimos en ella la autoestima juega un papel extremadamente importante, dado que es la confianza en las propias habilidades para juzgar, decidir, escoger y entender la realidad que conlleva necesidades e intereses personales, así como estar seguros de nuestro valor y de nuestro derecho a la vida y la felicidad.

Desde niños nos enseñan que tenemos que aprender a respetar y que para hacerlo hay que empezar por respetarse uno. Lo mismo se aplica en el amor. Para amar y aceptar a otro, y para aceptar que alguien más nos ame, hay que empezar por amarse uno mismo. Parece fácil, pero no basta con decirse "me quiero mucho". Implica reconocer que cometemos errores y perdonarnos por ello y, como afirma Nathaniel Branden[43], gran estudioso del tema, aprender a confiar en nosotros, en nuestras habilidades y percepciones; estar seguro del valor de uno mismo y sentirse con el derecho a ser feliz.

Cuando dos personas que forman una pareja se aceptan a sí mismas y a su compañero(a) tal como son, expresan lo que en realidad sienten y son capaces de compartir lograrán una verdadera intimidad. Es entonces cuando hay un contacto real. Sobre esto mismo, Virginia Satir, en *Nuevas relaciones humanas en el núcleo familiar*[44], escribe que cuando las personas tienen una buena autoestima y una comunicación abierta su relación es más nutricia.

Según la sexóloga Helen Kaplan[45], hay muchas parejas que están juntas toda la vida. Juntas en la misma casa, juntas en la misma cama, pero como si fueran los rieles de la vía del tren, nunca se tocan. Ahí, es seguro, no hubo un contacto íntimo entre ambos. Nunca estuvieron en verdad el uno con el otro.

En la verdadera intimidad, ambos compañeros están seguros de su aceptación mutua, comparten lo que sienten, se enfadan, disciernen y se abren por completo con plena confianza en el otro. En estos casos, la autoestima aumenta y uno adquiere más fuerza interna.

Uno de los problemas es que, por cuestiones culturales, muchas veces desde la niñez aprendemos a controlar nuestros sentimientos y a no aceptarnos. (Incluso nos sentimos culpables de lo que hacemos y experimentamos.) También, que las relaciones de pareja se establecen a través de un juego en el que debemos evitar que el(la) otro(a) se dé cuenta de nuestro interés por él o ella y en el que debemos halagar sin mostrar los lados "malos". Nos enseñan a tener control de nosotros mismos y de la situación, para no mostrar nuestros sentimientos, lo cual, según se cree, nos dejaría en desventaja. Pero entonces nunca logramos hacer contacto con otros, ni expresarnos y aceptarnos.

Nos controlamos en nuestras relaciones interpersonales para mostrar lo que consideramos lo mejor de nosotros y evitamos involucrarnos, transformándonos en espectadores de nuestra vida en lugar de partícipes activos. Reprimimos sentimientos que se perciben como negativos como el enojo y la ira, pretendiendo que no existen. Sin embargo, están ahí e interfieren en nuestra vida.

Saber estar en contacto con nuestros sentimientos, aceptarlos y expresarlos ayuda a establecer la comunicación y facilita la intimidad.

El temor al rechazo

Una de las principales barreras para abrirnos a la intimidad y el verdadero contacto es el temor al rechazo. Pensamos que lo que sentimos en el fondo es ridículo, o que externarlo nos haría más débiles y nos dejaría susceptibles de ser heridos. A veces pensamos que sólo a nosotros nos pasa eso y que los demás se sienten muy seguros y no ocultan nada. Pero en realidad esos miedos están presentes en muchas personas. Cuando no creemos que lo que en verdad somos ni que eso que en "el fondo" pensamos es aceptable, actuamos cubiertos de máscaras y armaduras para protegernos, lo cual nos aleja de la oportunidad de en efecto compartir y "tocar" al otro. Hay casos más extremos en los que uno no se quiere ni se acepta y por lo mismo no se siente merecedor de ser amado. Aquí es factible que surja un gran problema, ya que todo aquel que lo quiera a uno se vuelve despreciable: si uno es despreciable y esa persona nos aprecia es que también es despreciable. Entonces, amamos y admiramos a quienes no nos aprecian, porque si empezaran a querernos, dejarían de ser merecedores de amor para nosotros. Como alguna vez lo expresara Ronald Laing:

> No me aprecio a mí mismo. No puedo apreciar a nadie que me aprecie. Sólo puedo apreciar al que no me aprecia.[46]

Evidentemente, las relaciones que establecemos bajo esta lógica son autodestructivas: o nos enamoramos de personas inalcanzables o de aquellas imposibilitadas para comprometerse con nosotros.

Llenar un vacío

Otra dificultad que surge al no aceptarnos ni querernos por lo que somos es que buscamos que el otro llene ese hueco. Esperamos que nos satisfaga una necesidad, lo cual no es lo mismo que asumir la postura: "Te amo por quien eres y en ese sentirme amado y aceptado por ti me fortalezco. Al tú amarme y yo amarte, ambos crecemos".

En ocasiones un "Te amo" puede significar "Te necesito" o "Me gusta que dependas de mí", "Quiero tener cosas que tú tienes" o "Porque te admiro, estar contigo me hace sentir seguro(a)".

Aceptarnos, creer en nosotros, estar conscientes de lo que sentimos y aprender a expresarlo de una manera positiva nos ayudará a contar con relaciones más auténticas, a compartir en realidad y evitar que vayamos en un mismo tren a un mismo lugar pero en vagones distintos. Una relación de pareja requiere intimidad y la intimidad se origina sólo cuando estamos en contacto.

La comunicación

Por lo común tendemos a expresarle a la gente más lo que nos molesta que lo que nos agrada. Nos quejamos del trabajo, del clima, de que nos fue mal o del cansancio, pero no hablamos de nuestras satisfacciones, de por qué estamos contentos, orgullosos o nos sentimos bien. Pareciera que es más fácil compartir lo negativo que lo positivo, y que resulta más sencillo remarcar —en los demás y en nosotros mismos— lo que no nos gusta que lo que nos agrada. Por ejemplo, con los niños suponemos que para educarlos hay que corregirlos cuando cometen errores o actúan de una manera irresponsable o desagradable para nosotros. Pero, ¿por qué en vez de sólo criticar lo que según nosotros es erróneo, no les hacemos saber también lo que hacen bien, lo que son capaces de realizar y las cosas que nos gustan de sus conductas y actitudes?

Un anuncio televisivo[47] explica que no hay por qué sorprenderse de que los hijos sean unos buenos para nada si nos hemos encargado de repetírselos constantemente; es cierto. Y si lo que reflejamos y señalamos a las personas sobre ellas mismas produce un efecto tan fuerte, ¿por qué no proyectarles lo positivo y promover su desarrollo?

¿Por qué nos cuesta tanto ser positivos y cariñosos? Como hemos mencionado, pareciera que con esto perdemos el control y nos volvemos vulnerables. Pero eso no tiene que ser así. De hecho, resulta mucho más enriquecedor y gratificante para ambas partes que el nexo se base en cosas positivas y no en críticas y agresiones.

En la relación de pareja también suele darse este tipo de vínculo, sobre todo cuando ya consideramos que el otro está asegurado. No creemos, llegado ese momento, que sea necesario externarle que lo(a) amamos y nos importa; pensamos: "Es obvio, ¿no? Si no, no estaría ahí". Pero las obviedades no siempre bastan, y decir de vez en cuando cuánto queremos a la persona y cuánto nos importa nunca está de más. Así como señalamos lo que nos molesta, expresemos lo que nos agrada, para que en la cotidianeidad de nuestra relación haya un romance creativo que la mejore.

¿Qué cosas le gustan de su compañero(a)? Identificarlas y comentárselas siempre es grato.

"Me divierto mucho contigo", "Me encanta cómo me apoyas", o frases por el estilo que surjan espontáneamente forman parte de esos pequeños detalles que nos ayudan a mantener el romance día con día. La retroalimentación en esto es fundamental. Permitirle saber a la persona que apreciamos el detalle, que nos sentimos bien cuando nos muestra su afecto y que también disfrutamos su compañía, refuerza que tales actitudes se sigan dando. Lógicamente, las miradas cariñosas, las caricias y los abrazos afectuosos también son muy importantes para nuestro bienestar y la vida en pareja.

¿Qué preferiría usted: que sólo le hicieran ver aquellas cosas en las que no cumplió las expectativas o que también le dijeran cosas buenas y le expresaran afecto? ¿Cómo se sentiría en uno y otro casos? Si tomara esto en cuenta en sus relaciones, ¿cree que habría un efecto positivo?

Generalmente uno también se siente mejor al tener una actitud espontánea y positiva hacia los demás.

Fallas en la comunicación

Muchos problemas de la pareja están relacionados con fallas en la comunicación. Uno de los casos es destacar constantemente los detalles negativos y las fallas en el cumplimiento de nuestras expectativas. En otros, participamos en una serie de juegos que nos causan conflictos y malestar sin identificar qué sucede en realidad.

¿Cuántas veces nos hemos peleado o hemos discutido con la pareja por "algo que uno pensó", pero que no era cierto? Nos molestamos si ella o él no nos llamó como había quedado, si no tuvo listo el detalle de costumbre, no se dio cuenta de que cambiamos de peinado o simplemente porque no está tan contento(a) como de costumbre, lo cual interpretamos según nuestro punto de vista.

Nos enojamos porque nos habíamos creado una expectativa sobre la reacción del otro, porque queríamos que sucediera lo que no sucedió. Y eso da lugar a malentendidos y pleitos que sería posible evitar en gran medida.

Es común que nos expliquemos algún detalle a partir de nuestra percepción, la asumamos como real, elaboremos toda una historia y actuemos de acuerdo con nuestras conclusiones. Evidentemente, esto le parecerá bastante enloquecedor a la persona en cuestión. Hay un libro llamado *El arte de amargarse la vida*[48], de Watzlawick, que cita un ejemplo muy claro: un hombre quiere pedirle prestado un martillo a su vecino, pero empieza a pensar qué pasaría si no se lo prestara, porque como la última vez que lo vio tenía prisa, pero quizá no era prisa, sino que tenía algo contra él, y sigue inventando una historia de cómo reaccionaría el vecino hasta que termina tocando a la puerta de su casa para gritarle muy enojado que se quede con su martillo, al cabo que ni lo quería. Por supuesto, el vecino se sorprende y no entiende nada.

Si se relaciona este caso con la situación de pareja, veremos un sinnúmero de situaciones en las que uno imagina lo que el otro está pensando o la causa de su conducta y supone que eso es la realidad.

—Ya te enojaste —asegura el marido.

—No es cierto, no estoy enojada —contesta ella.

—¡Por Dios!, si mira cómo estás; por supuesto que te enojaste por lo que te dije —insiste él.

Así seguiría la discusión hasta que ella en efecto se enoje y entonces él tenga razón: su mujer está enojada.

Hacer creer a la pareja que sabemos lo que está sintiendo, pensando y pretende hacer, suele causarle una sensación de gran molestia e incluso de alienación, es decir, ahora resulta que el otro sabe, mejor que uno mismo, lo que uno piensa y quiere; por supuesto, a la larga esto acarrea conflictos.

Adquirimos maneras de comunicarnos con nuestro(a) compañero(a) que, lejos de permitir el diálogo y el contacto entre ambos, llevan a un círculo vicioso y nos involucran en un juego de nunca acabar.

Interpretar lo que el otro comenta y concluir que nuestra percepción es la verdadera —es más, que sabemos mejor que él lo que le pasa y lo que está sintiendo— es una manera de arribar a la zona del conflicto y la discusión donde siempre habrá un perdedor. Pero también hay otras formas de enloquecer al prójimo y complicar las relaciones. Por ejemplo, dar dos opciones y pedirle a la pareja que escoja una; algo así como: "¿Qué prefieres: que salgamos hoy en la tarde o que nos quedemos en casa?" Si la pareja elige: "Salgamos", entonces contestamos: "¡Ay!, siempre quieres hacer lo mismo, ¿por qué no te gusta quedarte aquí conmigo?" Si opta por la otra alternativa, entonces pensamos que lo hace para complacernos y no tiene "chiste", que se trata de hacer lo que desee. Total, ninguna de las dos opciones es buena, por lo que, se elija lo que se elija, se generará un conflicto. En esta misma tónica, somos capaces de hacer que el otro siempre pierda o esté en el error. Como en el ejemplo en el que el marido logra que su mujer se enoje y entonces él tiene razón, agregaría: "¿Ves cómo nunca se te puede decir nada? Siempre estás de mal humor". Y cómo estar de buenas cuando constantemente le dicen a uno que le sucede lo contrario o si no, ya le pasará. Frases como: "¡Uy! Estás de buenas, pero para lo que te va a durar; mejor ni me hago ilusiones", por supuesto logran que el humor se altere.

Descalificar lo que la pareja manifiesta, sus sentimientos o percepciones, es otra manera de provocar tensiones en la relación. Si cada vez que uno externa qué piensa y siente, el otro afirma que exageramos, que eso no es cierto y las cosas no son así, tampoco hay mucha opción de llegar lejos porque o acabamos accediendo u ocasionamos que el pleito sea eterno.

Por otro lado, si constantemente negamos nuestras percepciones para evitar conflictos, la rabia y la frustración se irán acumulando hasta que un día reventemos.

Otra manera no poco común es pedirle a la pareja que reaccione espontáneamente de cierta manera, lo cual es imposible; si lo hace bajo pedido ya no es espontáneo y entonces ya no nos gusta y se enfrenta un dilema. "Te debería nacer ser más detallista", le espeta una mujer a su pareja. Él, tratando de comportarse de manera más atenta con ella, le lleva unas flores, ante lo cual ella se molesta: "Me las trajiste porque yo te las pedí, no porque tú quisieras". ¿Qué hacer entonces?

Seguir ejemplos como éstos es una vía eficaz de complicar nuestra vida en común y garantizar que habrá tensión y discusiones con bastante frecuencia. Si no es eso lo que nos interesa, sino que queremos una relación más armoniosa, sería mejor que evitáramos tales situaciones. Si logramos detectar que nos sucede algo parecido a lo mencionado, sería positivo detenerse un momento y analizar: "¿Qué estoy buscando, qué quiero expresar en verdad y cómo lo haría de alguna otra manera?" Escuchar en realidad al otro con ganas de entenderlo es de mucha ayuda.

Una técnica recomendable para evitar este tipo de experiencias, es empezar por hablar sobre lo que uno cree y piensa, lo que siente y lo que espera en primera persona. Es decir, no suponer que el punto de vista propio es el mismo que el del otro: "Yo pienso esto, pero estoy consciente de que tú puedes pensar otra cosa y me gustaría saberlo". No es lo mismo: "Es que eres muy seco(a), ¿por qué no eres más cariñoso(a)?", que: "Me gustaría que fueras más cariñoso(a) conmigo" o "¿Me abrazas?" La reacción a estas frases suele ser distinta y permite actuar sin sentirse reprochado.

Tampoco es igual: "Me da la impresión de que te molestaste", y corroborarlo, que: "Seguro ya te enojaste por mi reacción; como siempre te enojas por todo..." Una cosa es expresar la propia percepción y dar lugar al otro para confirmarla o negarla, y otra es manifestarle lo que le pasa sin tomar en cuenta su opinión. La primera abre el diálogo, la segunda genera tensión.

La manera en que nos comuniquemos y la importancia que brindemos a las percepciones de los demás juegan un papel esencial en la comunicación. Cada quien ve las cosas desde una perspectiva diferente; por ello, escuchar nos ayudará a entendernos mejor.

La rutina

En la sexualidad y la vida de pareja en general existen el riesgo y el temor de caer en la rutina después de algún tiempo, cuando la novedad se acaba y se manifiesta la sensación de conocer bien al compañero o la compañera.

Pareciera que como la etapa de conquista ya ha sido superada y hasta cierto punto se considera que como la otra persona está asegurada, ya no son necesarios mayores esfuerzos. Craso error, porque, aunque tal vez la presencia física es más garantizable (lo cual es dudoso), el interés y el amor requieren estarse alimentando y fomentando siempre para que no se pierdan.

En cuanto a la rutina, la sexualidad es un aspecto que también debe cuidarse y no dar por hecho, por ejemplo, que en tales días nos "toca", ni reservar las expresiones de afecto sólo para esas ocasiones, pues eso limita la espontaneidad y asocia los gestos cariñosos con la relación sexual únicamente.

La comunicación, el entendimiento y la confianza de la pareja en esta área y el permiso que se den de innovar y disfrutar se reflejan en otros aspectos de su vida y viceversa. Cada una crea su estilo. Es un proceso activo que requiere de participación constante. Si se pretende que se mantenga por inercia se correrá el peligro de caer en la costumbre o la desidia, y de que dejemos de ser los constructores y protagonistas de nuestra relación.

El desarrollo mencionado implica, entre otras cosas, que ni la relación de pareja ni la expresión de la sexualidad dentro de ésta se viven de la misma manera al principio que veinte años después, y qué bueno. Pero sería conveniente que este proceso tendiera al crecimiento y al mayor entendimiento de ambos miembros, y no a la dilución del lazo, a generar malos entendidos, interpretaciones, aburrimiento, costumbre o la autodevaluación.

Para seguir aportando, es importante que cada miembro guarde su individualidad y la comparta con el otro. Hay que encontrar un justo medio en el que ni todo gire al interior de la relación, negándose a la existencia de espacios personales, ni al exterior, como serían el trabajo, las actividades cotidianas o hasta los hijos, pues el(la) compañero(a) quedaría en el último lugar de la lista de importancia, ya que, total, continuará ahí.

No es raro hallar parejas cuyo contacto se basa en los hijos y deja de lado lo que los atrajo el uno del otro. Esto acaba por generar una sensación de insatisfacción y distanciamiento que a veces es difícil remediar.

Cuando el aburrimiento ya es crónico, en ocasiones los integrantes prefieren buscar emociones o incentivos fuera de la relación, con la que no quieren en realidad terminar, pero tampoco están conformes. Tal vez así pasen muchos años, o toda una vida, o acaben por separarse, o, si es posible, busquen hacer algo al respecto y arreglar el asunto.

¿A qué le teme la gente dentro de su relación de pareja? Posiblemente a la monotonía, a la rutina, a dejar de cubrir las necesidades del(a) compañero(a) y, aun peor, que eso suceda sin siquiera darse cuenta, porque si no se detecta no es posible hacer algo al respecto. Otro problema es el miedo al cambio, lo que lleva a preguntarse: ¿qué tanto caemos en la monotonía por el miedo a cambiar? Si ya nos adaptamos de una manera, ¿para qué moverle?

Es bueno recordar que lo que resultó funcional en un momento no necesariamente lo es después. Invente cosas, vaya con su amada(o) al cine, a cenar, a dar la vuelta, a un museo, a un espectáculo o realice lo que le parezca interesante y divertido. Además, no olvide que guardar espacios y actividades para usted mismo lo hará sentirse mejor y le aportará elementos nuevos y ganas de compartir.

Estar casado o tener una pareja estable no significa que todo deba ser seriedad y obligaciones.

LOS CELOS

Los celos son un aspecto de las relaciones interpersonales, en especial de las de pareja, que tienden a ocasionarnos problemas. Son una reacción en ocasiones visceral e incontrolable y en otras una sensación constante de miedo a perder el amor del otro. El celoso no ve sus reacciones como algo positivo, ni considera que sean una solución; de hecho, sufre y desearía controlarse.

> Los celos, todos los que los hemos sentido reconocemos que son un sentimiento muy extraño. Duelen, sí, y mucho. Aunque no sé qué duela más: los celos en sí por lo que alguien hace o piensa, o incluso por lo que sólo imaginamos, o la impotencia que da esa mezcla de inseguridad y debilidad que nos recorre de arriba a abajo.

Muchas veces me cuestiono qué es lo que realmente se siente al tener celos. ¿Es coraje? ¿Enojo? ¿Tristeza? ¿Debilidad? ¿Miedo? ¿Todo esto junto?

¿Qué son los celos? Sabemos que son reflejo de inseguridad pero, ¿qué los mueve? ¿Por qué esa necesidad de pertenencia a alguien? Yo no poseo las respuestas, pero sí las dudas, ya que me considero una mujer celosa, y ni así, ni en la peor crisis de celos, logro explicarme qué me está pasando.[49]

La reacción celosa está relacionada con sentimientos de temor, inseguridad, dolor e impotencia, que tienden a ser expresados de una manera agresiva, ya sea activa o pasiva.

Por lo general, si los celos son demasiados, el celado se siente atrapado, pero si no los hay en absoluto, se tiene la impresión de no ser lo suficientemente importante. Complicado, ¿no? Se dice que a más amor más celos. ¿Será la necesidad de exclusividad y pertenencia lo que los provoca?

Pienso que, sabiéndolos controlar, los celos no acarrean tantos problemas, porque al fin y al cabo son una manera de demostrarle a la otra persona que te importa.

Ahora, hay de celos a celos. Van Sommers, en su libro *Los celos*[50], los clasifica como normales y patológicos, reactivos y preventivos, rencorosos y producto de un daño a la propia imagen. Se ha intentado darles diferentes explicaciones y aun encontrarles una causa biológica.

Una de las interpretaciones asegura que surgen cuando sentimos que nuestra relación se ve amenazada o cuando en realidad lo está. Por ejemplo, cuando alguien ve a su pareja coqueteando con otra persona. ¿Por qué?, porque se llega a sentir cercana la posibilidad de ser abandonada(o) por otra(o), aunque eso depende mucho de quién se trate. Quien más temor nos causa es aquel que consideramos que tiene algún atributo más desarrollado que nosotros o del cual carecemos, como hacer reír, ser más sexy, simpático o interesante. Si no hay nada que pedirle a ese tercero, quizá la amenaza sería mucho menor. Sin embargo, algunos opinan que es algo más allá que sentir que la(el) otro(a) posee algo de lo que carecemos.

> No se sienten celos de cualquiera, sino que surgen cuando un sexto sentido te lo indica; no es tanto porque se piense que la otra persona sea mejor, simplemente algo te señala de quién hay que estar celosos y de quién no.

Los celos no sólo se manifiestan como reacción a una situación real de infidelidad o amenaza. En ocasiones su causa es el pasado de quien los sufre.

Hay algunos que no soportan pensar que su pareja haya amado a otra persona antes que a él o ella, o vivido experiencias sexuales anteriores —y si fueron satisfactorias, peor—, aun cuando ello no interfiera en la cantidad de amor que recibe ni en la exclusividad actual. Es algo difícil de solucionar, porque, haga lo que haga el celado, su pasado seguirá ahí.

La exclusividad y la equidad

Hay dos conceptos que juegan un papel importante en algunas manifestaciones de los celos: la exclusividad y la equidad. La pareja monógama logra un acuerdo implícito por el cual espera un vínculo privilegiado y prioritario, único con respecto al resto de los seres humanos. Entonces, cualquier intrusión que ponga en juego este pacto sería la causa de una reacción celosa.

> No creo que los celos sean tanto un producto de la inseguridad ni de la desconfianza; más bien, pienso que se deben a un sentimiento de posesión, ya que muchas veces el problema no es que tu pareja esté con otro, sino que no está contigo. Es como no querer compartirla. Considero que muchas veces son causados por una sensación de envidia de quien está pasando un buen rato con tu compañera; que ella pase un momento de alegría con otro que no seas tú no siempre es agradable.

La exclusividad podría llegar al extremo de la posesión, lo que haría que cuando él o ella vuelcan su atención en otra cosa, el otro francamente enferma.

Hay para quienes la exclusividad implica que su pareja salga de circulación y no haga ninguna actividad compartida más que con él o ella. Y ahí también entra el sentido de pertenencia, de que uno es propiedad del otro y viceversa; por lo tanto, el que posee debe detentar el control.

Estos casos son bastante extremos, pero se presentan con mayor frecuencia de lo que pensamos. En ellos la pareja no tiene vida y actividades propias, así que los celos serían motivados, más que por una amenaza de perder el amor del otro o por sentirse desplazado, por el miedo a la pérdida del dominio que, en su concepto, lo llevaría al probable alejamiento del amado. ¿Qué sucede después de haber sentido que el control se nos fue de las manos? No es raro que se presenten reacciones violentas, como un intento desesperado de recuperar el control, para reafirmar la propia identidad. ¿Qué clase de amor es el que hay en realidad aquí? Francamente no hablaríamos de una relación equitativa en la que hubiera comunicación y entendimiento. Más bien referiríamos una relación en la que los integrantes se involucran en un juego del que después les es difícil salir: uno domina y el otro se somete. A fin de cuentas, el asunto siempre es de dos, ¿o no?

Es muy probable que con este tipo de celos haya una comunicación basada en la interpretación, como la ya mencionada. Los actos y las palabras ajenas se interpretan y se adaptan a nuestros esquemas. En el caso del celoso ocurriría algo similar: si "él" decide ir un día a cenar con sus amigos sin "ella", "ella" tal vez lo interprete como: "Claro, ya no me quiere, está harto de mí, tal vez está saliendo con alguien más", cuando sólo hay necesidad de contar con un espacio personal, sin mayores consecuencias.

Pero en general no lo expresamos abiertamente, lo asumimos como tal y actuamos al respecto, incluso en forma agresiva, lo que lo aleja aun más de lo que pensábamos estaba en un principio. El resentimiento y las dudas se acumulan; los celos son cada vez mayores. En un caso un poco más extremo, una simple mirada sería interpretada como una coquetería y causa de una grave discusión, quizás hasta violenta. Quién no ha escuchado alguna vez expresiones como: "¿Qué le ves a mi mujer?" o "¿Qué le viste a esa tipa; te gustó, verdad?" Obvio, ante una pregunta así, no hay explicación que valga. El o la que la hizo ya "sabe" la respuesta y no aceptará otra.

¿Y los celos provocados por los daños a la propia imagen? Ésos se relacionan con la opinión de los demás, es decir, con que la gente piense que mi pareja no me quiere tanto, o que parezca que no le intereso mucho. El punto clave es que lo que se afecta es la imagen pública y lo que duele es el orgullo más que la posible pérdida del ser amado.

El desequilibrio

Se espera de la pareja que haya equilibrio entre lo que cada uno aporta a la relación y cuando esto se ve afectado también suele haber descontento de quien siente que da más. Por ejemplo, hay quienes se sienten celosos del trabajo del otro, de sus amigos o del deporte que practica, aunque no represente una amenaza de infidelidad. El problema es que éste siente que su relación ya no es prioritaria y, además, que está aportando más que el otro.

Aparentemente, cuando la relación es de desigualdad y uno se siente superior al otro, la tendencia a la infidelidad es mucho mayor que cuando hay un equilibrio.

También cuando uno de los dos se cree inferior, su tendencia a ser celoso es mayor.

Hablar abiertamente con el otro ayuda a apaciguar o encontrar una solución. Aunque no con eso todo queda arreglado; a veces se necesitan mucha paciencia y un poco de carácter. Pero la comunicación abierta promueve la confianza, así como la seguridad y el respeto por uno mismo y por el otro ayuda a estar más relajado en estos menesteres amorosos.

EL DIVORCIO

Todas las parejas tienen diferencias y pasan por momentos de mayor o menor satisfacción; se sufren crisis y conflictos que muchas veces las llevan a un crecimiento en su relación.

Enfrentar altercados, discusiones o diferencias no implica necesariamente una separación definitiva, aunque algunas veces sí representa la única salida.

Es cierto que en años recientes el índice de divorcios ha aumentado[51], quizá como reacción a papeles preestablecidos y como alternativa para buscar otro camino y otros horizontes cuando la relación ya no funciona.

Una de las explicaciones es que, conforme el matrimonio evoluciona hacia una convivencia entre compañeros, se espera más del cónyuge en el aspecto afectivo y, al no encontrar satisfacción, se opta por el divorcio.

Al ya no haber una dependencia tan marcada y dejar de satisfacer las urgencias económicas de otras formas, las personas tienden a buscar la satisfacción de sus necesidades afectivas y una relación de mayor igualdad casándose. Esperamos más el uno del otro y luchamos por un desarrollo personal dentro de la pareja que nos permita un crecimiento mutuo, pero cuando las circunstancias impiden esto, analizamos otras alternativas. Algunas de las causas de divorcio están enlazadas con factores que ya señalamos, como la elección de compañero(a), nuestras expectativas y la ilusión de que éstas se cumplan, aunque la realidad sea distinta. Hay también algunos aspectos personales que dificultan la intimidad: el temor a perder la libertad, la necesidad de control y dominio o los vínculos que nos llevan a vivir conflictivamente.

Las estadísticas indican que, en México, para 1990, 70.5 de cada mil cónyuges se habían separado.[52] Por lo general, las situaciones que desencadenan en divorcio, se presentan durante el primer año de casados, con el nacimiento del primer hijo y la adolescencia de éstos. Según Jack Dominian[53], casi la mitad ocurre en los primeros 10 años de la unión.

Antes, a los divorciados se les veía mal y se les consideraba anormales, pero llegó un momento en el que ya no eran, más bien, ya no son, algo fuera de lo común, aunque cabe señalar que hay países donde todavía no existe legalmente el divorcio y el vínculo religioso es difícil de anular. También es cierto que aún hoy, aquí en México, estar divorciado o ser hijo de padres divorciados para algunos es una "etiqueta".

Resulta obvio que el divorcio no es algo que se produce ni se decide de la noche a la mañana, y que tampoco el hecho de firmar un papel marca el fin de la relación.

Hay un proceso previo en el que están presentes fuertes sentimientos ambivalentes, cuando quizá se hacen esfuerzos intensos por remediar las cosas, luchando con la coexistencia del hastío, la incomprensión y la sensación de "ya no poder más".

Los conflictos se vuelven cada vez más patentes y parece formarse un círculo vicioso del que, se haga lo que se haga, no hay salida, en tanto que se va perdiendo la esperanza de que es posible arreglar la situación.

Tal vez la comunicación sea tan poca que uno de los cónyuges ni siquiera se haya percatado del distanciamiento, por lo que queda perplejo al descubrir los sentimientos de su pareja, enojando y decepcionando todavía más al otro que se siente ignorado. Los sentimientos de atracción, confianza y camaradería se pierden, aun cuando es viable cohabitar y llevar "la fiesta en paz". La unión íntima y profunda se desvanece hasta borrarse y llevar, en algunos casos, a la tangible separación física. No a todos les pasa, de hecho hay quienes viven "juntos" durante muchos años sin tolerarse, sin siquiera dirigirse la palabra, lo cual es mucho más desgastante que una verdadera separación.

Las mujeres tienden a experimentar sentimientos más bien de decepción, devaluación y depresión, mientras que en los hombres se manifiestan de confusión, culpa e impotencia.[54]

Una vez tomada la decisión y llevado a cabo el trámite legal, el proceso no concluye, ni el lazo queda cortado como si fuera listón de inauguración de una vida.

Un divorcio implica una pérdida y conlleva un proceso de duelo. En este caso la pérdida es similar a la muerte, aunque a veces resulta más compleja. La persona no se fue porque tuvo que irse, sino porque así lo decidió.

La rabia, el abandono y la culpa pueden ser más intensos en este caso y hacerse a la idea de ya no estar con alguien que físicamente sigue ahí quizá no sea tan fácil, aun si se considera que se hizo el mejor intento.

¿Y si hay hijos?... Si los hay, el lazo conyugal desaparece, pero el parental perdura. El padre seguirá siendo el padre y la madre la madre, pese a lo que el otro desee; los hijos, quieran o no los progenitores, tendrán características de uno y la otra.

Si los progenitores logran un acuerdo en cuanto a la separación y la educación de los hijos, el asunto sería más llevadero, pero cuando los hijos se transforman en el campo de batalla la guerra continuará mucho tiempo.

La cuestión económica también es causa de discordias y, en ocasiones, el epílogo de la imagen de aquel hombre o mujer "con quien me casé", lo cual produce un dolor y un desgaste muy grandes. Tal vez continúen los pleitos legales, las discusiones en cuanto a los hijos, el lazo económico y otros temas. Por ello, aunque ya no vivan juntos y aparentemente ya no haya nada en común, el vínculo suele durar.

De hecho, el odio o resentimiento que se siga guardando durante años significa una forma de unión. Perdonar y olvidar significaría, ahora sí, terminar. Quizá por eso en ocasiones sea más difícil una relación amistosa que perseverar en los malos ratos, las críticas y el nexo destructivo.

Por fortuna no todos los divorcios se viven de la misma manera, ni todos los conflictos de pareja son irremediables. En ocasiones sí es la mejor solución, pero en otras me pregunto si en verdad representa una salida o es sólo una forma de continuar la destrucción.

Los hijos del divorcio

¿Qué sucede con los hijos que se encuentran de pronto en medio del campo de batalla de los padres? ¿Cómo les afectará un divorcio? ¿Sería mejor permanecer juntos sólo por ellos?

Éstas son algunas de las preguntas que nos vienen a la mente cuando hablamos de divorcio.

Mucho depende de cómo se maneje la separación y de qué tanto se involucre a los hijos, ya sea explicándoles y tomándolos en cuenta, o volviéndolos aliados para atacar al contrincante. Así como para los padres la separación resulta un evento muy difícil, para los hijos también lo es. Ellos experimentan confusión, temor e incertidumbre, y no encuentran una buena explicación para lo que están viviendo; por ello, ante la urgencia de encontrar una, piensan en la posibilidad de que ellos sean los culpables o que no fueron lo suficientemente buenos como para mantener unidos a sus padres.[55]

El rompimiento les produce gran tristeza, la cual llega a durar mucho tiempo, fomentada, a veces, por la creencia de que si se deja de estar triste se perderá la oportunidad de que los padres se vuelvan a juntar.

Es común que en este tipo de rupturas se maneje que uno de los dos consortes es el culpable y el otro la víctima, que hay un abandonado y otro que abandona; también es común que los hijos reciban esta información o se consideren inevitablemente parte de este funcionamiento. Así, para conservar el cariño de por lo menos uno de los dos padres, se ven obligados a tomar partido por alguno. Una difícil decisión. En otros casos, uno de los hijos, o el hijo único, que permanece con uno de los padres se ve, o se siente, forzado a representar el papel de la pareja que se fue, por lo que se le adjudican responsabilidades que no le corresponden.

Entonces, ¿es preferible mantenerse unidos aunque la convivencia ya no sea posible, para evitar esa experiencia a los hijos? De hecho, no se requiere que los padres estén físicamente separados para que los hijos tomen preferencia por uno de ellos, para que se estimen culpables por los pleitos o estén tristes. La culpabilidad sería incluso mayor. Pensar: "Mis padres siguen juntos a pesar de que se destruyen, ¡por mí!", resultaría contraproducente. Por eso, hay situaciones donde el divorcio sí es la solución más sana.

Después de una separación es probable que uno o ambos progenitores decidan volver a casarse y formar una nueva familia. Si bien en este caso podríamos abordar múltiples aspectos, me limitaré a mencionar que, aunque haya una nueva pareja y estén ausentes, el padre seguirá siendo el padre y la madre, la madre. Es viable que debido a los conflictos con la antigua pareja (papá o mamá de los hijos), deseemos olvidarla, no mencionarla más, como si nunca hubiera existido. No obstante, para los hijos no es positivo desaparecer a alguno de sus padres y transformarlo en tema tabú. Eso sería convertirlo en un mito o un secreto inexplicable que a la larga afecta la vida de las personas. Quizá también alguno esté muy dolido y desee hablarle a sus hijos de lo malo que fue su padre o lo desgraciada que fue su madre, de acuerdo con su versión de las cosas. Pero, como opina Virginia Satir[56], ¿cómo puede uno ser una persona querida y valiosa cuando desciende de alguien tan patético? Traer la imagen de ambos padres, con sus partes positivas y negativas (porque tampoco se trata de santificar al ausente), se requiere para desarrollar la autoestima y la seguridad en uno mismo.

Los hijos aprenden pautas de relación dentro de la familia y el ejemplo más cercano son sus padres. Ante esto uno se pregunta si el divorcio afectaría las futuras relaciones de los hijos.[57] La respuesta es que tal vez algunos vean el matrimonio y el compromiso de pareja con cierta resistencia; con la idea de que las relaciones amorosas no funcionan, están destinadas a terminar como la de sus padres. Acaso no piensen esto de manera consciente, ni actúen abiertamente en contra del casarse, pero sí permanecerá un temor lejano a repetir la misma historia, temor que quizá muchos jóvenes, sin que sus padres se hayan divorciado, comparten al momento de decidir comprometerse. ¿Quién garantiza que en realidad es para toda la vida? En otros casos, con base en el deseo de no experimentar lo mismo que los padres, se intenta adoptar otra actitud hacia la relación, haciendo todo lo posible por ella.

El hecho de que los padres se hayan divorciado no significa que los hijos también van a hacerlo. Tal vez ése fue el patrón que aprendimos, pero si lo consideramos, sería un punto a nuestro favor.

El duelo

En más de una ocasión las parejas terminan y el proceso de duelo por el que pasan, en mayor o menor grados, es similar al que se vive con otras pérdidas.[58] La manera en que elaboramos la separación depende de cómo percibamos la pérdida, de nuestras experiencias previas, así como de la fuerza y el apoyo que recibamos en ese momento. No obstante, hay reacciones comunes a todos. Primero negamos que eso nos esté sucediendo; tenemos la esperanza de que haya sido una broma, un malentendido o que ya pasará. Cuando el tiempo transcurre y la situación no cambia, nuestro estado de ánimo se convierte en una especie de rabia y gran dolor por haber sido abandonados o traicionados, o simplemente porque es el fin de algo; aunque al mismo tiempo nos preguntamos qué habría pasado si hubiéramos hecho otra cosa, nos reprochamos y nos sentimos culpables, frente a lo cual cabe mencionar que la culpa suele considerarse enojo no expresado. Quizás una vez pasado esto, tendamos a idealizar lo perdido. Recordamos sólo los buenos momentos que vivimos con él o ella y todos aquellos detalles lindos que tuvo con nosotros, como si fuese una maravilla.

Solemos avanzar y retroceder en este proceso hasta que logramos aceptarlo, asimilarlo y dejarlo ir. Pero no siempre es así, porque sucede que en ocasiones nos aferramos en una de estas fases y nos dejamos arrebatar por el enojo o la culpa. A veces vivimos con la esperanza de que "tarde o temprano se va a dar cuenta de lo que perdió y volverá a buscarnos y a pedirnos perdón", como si simbólicamente ése fuera su castigo por habernos dañado. Arrastrar esos sentimientos en lo más profundo de nosotros sólo hace más pesado el camino y ocupa el lugar de otras cosas. Como reza el proverbio japonés: "Deja salir las cosas viejas para tener disposición para las nuevas".

Pero mucho depende de nuestras experiencias anteriores y de cómo hayamos vivido nuestras pérdidas, o lo amenazante que nos parezca tal situación.

Cuando tendemos a establecer relaciones de dependencia, las separaciones serán más devastadoras. Además de que perdemos a la otra persona, nos queda la sensación de que se lleva una parte de nosotros, la que nos valora, que nos hace sentir importantes y le da un sentido a nuestra vida. Si aquello se va con el compañero que se aleja, ¿dónde quedamos nosotros? En esos casos dejamos en manos del otro nuestro destino.

Yendo un poco más allá, también sería una forma de hacerlo sentir culpable e intentar retenerlo: ¿cómo dejar a alguien que nos necesita tanto? Habría que ser un desalmado. Y el otro acepta de buen grado ese papel, porque significa que es muy importante e indispensable. Pero, ¿qué sucede cuando el necesitado cambia de opinión y decide rehacer su vida? ¡Oh, gran golpe! Se derrumba la fantasía todopoderosa y la imagen de ser indispensable se viene abajo.

Separarnos suele llegar a generar un sentimiento de fracaso, autodevaluación, desamparo, tristeza, miedo, añoranza, de verse obligado a empezar desde cero otra vez. Cuanto más poder sobre nosotros depositemos en el otro y más dependientes de él o ella seamos, más trabajo nos costará sobreponernos.

Tal vez nos dé ganancias secundarias seguir aferrados a algo que ya no es y a la depresión.

LA INFIDELIDAD

Si bien en nuestra cultura occidental el tipo de relación de pareja que predomina es la monogámica, es decir, que uno se casa con una sola persona a la vez, y esto supone no mantener relaciones sexuales ni erótico-afectivas con un tercero, la infidelidad ocurre.

Cuando uno contrae nupcias, ya sea de manera legal, religiosa o ambas, hace un contrato en el que implícita y explícitamente se compromete a la exclusividad con la pareja. Además, uno da por hecho que si decide casarse es porque, al menos en ese momento, tiene la idea de permanecer con esa persona toda la vida, o una buena parte de ella, debido a que la ama y siente que cubre ciertas expectativas y necesidades. Desde luego, en muchas ocasiones uno adquiere este compromiso por razones que ya hemos tocado. Y si se toma la decisión —o se dice que así es— de ser monógamo, entonces, ¿por qué la gente es infiel?

Para este fenómeno existen muchas explicaciones. Una de ellas hace referencia al fin del enamoramiento, cuando la pareja deja de ser idealizada y se busca llenar esa ilusión con otra persona.

Vinculada con el fin del enamoramiento, hay una teoría bioquímica. Cuando uno entra en ese estado se producen ciertas sustancias en el cerebro que nos provocan una sensación de bienestar, de alegría y hasta de mayor vitalidad. Aparentemente, hay gente que se hace "adicta" a esa sustancia, por lo que cada vez que se le termina el encanto, necesita encontrar otra pareja para mantener esa sensación.[59]

Por otro lado, existen individuos a quienes les gusta comprobarse que son capaces de seducir y buscan situaciones en las que ponen a prueba sus habilidades sólo para constatar que pueden lograrlo. Alguien de este tipo no puede evitar coquetear con quien les parece atractivo y si se presenta la oportunidad, ¿por qué no?, hacer que se enamore de él o ella, pero sin llegar a más. Una vez que eso ocurre, la misión ha sido cumplida y el sujeto en cuestión no le despierta mayor interés. Obvio, ese tipo de persona puede tener una relación fija y, al mismo tiempo, mantener aventuras que le pongan "sazón" a la monotonía.

Otro modelo es el de aquellos que llevan relaciones extrapareja, como una forma de poner límites a su vínculo y evitar sentirse atrapados o que han perdido su libertad.[60] Quizá, dentro de un amor tan puro, intenso, pleno e incondicional, uno de los dos se sienta de veras ahogado o atrapado y recurra a un tercero para remarcar su individualidad. La infidelidad representa para algunos una manera de reafirmar su independencia o, por lo menos, atenuar su sensación de dependencia. Como una manera de sentir que, a pesar de estar comprometidos, no lo están por completo.

La infidelidad también suele ser un llamado de atención para la pareja, pues hace evidente un conflicto en la relación, al cual hay que dar solución de una manera u otra. Entonces la infidelidad funge como catalizador. Aunque también a veces es una forma de forzar o provocar el término de una relación. En ambos casos, se dejan pequeñas pistas, o francas evidencias, para que el otro se entere de que se frecuenta a alguien más y reaccione.

En el caso de quienes se sienten mayores, la infidelidad se presenta como una manera de demostrarse que todavía se es atractivo(a), que se posee capacidad de seducción y se sigue siendo joven y con mucho potencial sexual. Es una forma de reforzar la masculinidad o feminidad.[61] Quizás eso sea posible comprobarlo y mantenerlo dentro de la pareja, pero no siempre se encuentran las respuestas adecuadas en ese núcleo, por lo cual en ocasiones no poco comunes, se buscan aventuras extramaritales o extrapareja.

Las fases de la infidelidad

Al parecer, el periodo en el que se es más fiel, por lo general, es el del enamoramiento, cuando se idealiza a la pareja y se cree haber encontrado todo lo que se necesitaba. En el momento en que se cae en la cuenta de que no todas las expectativas eran reales, según la estadística, aumenta la probabilidad de que se presente la infidelidad.[62] Puede ser que con la llegada de los hijos uno de los cónyuges se sienta desplazado y busque una relación extrapareja. También quizá se presente una situación de este estilo cuando los hijos se van de casa y los esposos se encuentran de nuevo solos y se miran como un par de desconocidos.

Las etapas de crisis abren la posibilidad de desear ser infiel, quizá como un indicio de que algo no anda bien, una forma de comunicar las frustraciones o el tedio; además, es probable que la relación o el encuentro con un tercero sean empujados por la venganza o la rabia. En esencia, la infidelidad se manifiesta cuando la pareja requiere reajustar aspectos de su vida en común y del acuerdo inicial cuando el cambio se hace inminente.

¿Qué es la infidelidad?

La infidelidad es el incumplimiento de un contrato establecido con la pareja, explícito o implícito, influenciado por los valores, las creencias y las expectativas personales y grupales. Es un fenómeno social y cultural que no en todas partes se conceptúa de la misma manera. Un ejemplo: en nuestra sociedad, al hablar de infidelidad, hablamos de una pareja monógama. Pero, evidentemente, ni la idea ni la forma de vivirla son las mismas en una sociedad donde lo común es la poligamia masculina o femenina. En algunos lugares, aunque se practica la monogamia, se toleran otras parejas, en tanto que en otros se castiga con severidad.

A veces las mujeres y los hombres de una misma sociedad no perciben igual la infidelidad, en cuanto a aspectos generales se refiere, ni le dan la misma importancia a conductas calificadas de desleales.

Las actitudes que se interpretan como infieles son:

- El involucramiento emocional "clandestino" con un tercero en el que hay atracción, sin actividad sexual propiamente dicha
- Un encuentro sexual casual en el que no hay afecto de por medio
- Una relación prolongada con otra persona en la que hay cariño y actividad sexual, o sólo uno de los dos componentes
- Algunos consideran que desear a alguien más o fantasear con un tercero es ser infiel, lo mismo que buscar o encontrar fuera de casa satisfacción a necesidades personales, como comprensión o amistad

Hay otros muchos conceptos de infidelidad que, además, dependiendo de la persona, la cultura y la época, tendrán agravantes y atenuantes distintos para un mismo acto.

87

Culturas y épocas

En las culturas primitivas no se concebía el matrimonio como tal, ni el concepto de pareja estable, por lo que no podríamos afirmar, hasta donde sé, que hubiera infidelidad. En la época de los griegos, tener varias parejas del mismo sexo o del opuesto no era mal visto; de hecho se organizaban grandes banquetes y orgías donde la exclusividad no estaba muy contemplada. No obstante, sí había una serie de contratos entre las parejas. Los esposos eran los que procreaban hijos y aseguraban la descendencia. Y también existían los amantes.[63]

En la historia de los reyes y las cortes europeas siempre salía a relucir algún amante por ahí. En esa época, el matrimonio era por conveniencia. Ahora bien, si uno no ama, ¿está siendo infiel? o ¿lo que cuenta es el contrato?

Para los esquimales es normal y de buena educación que la esposa tenga relaciones sexuales con los huéspedes; entre ellos, eso en ningún momento implica infidelidad; más bien, es un acto de cortesía. En algunas culturas orientales, sobre todo de la antigüedad, se aceptaba que los hombres tuvieran amantes, siempre y cuando éstas no fueran casadas, pues en tal caso se afectaba la dignidad de otro hombre, por lo que se castigaba severamente. Una costumbre machista, para garantizar la paternidad de los hijos, exigía —como aún en muchos medios— la virginidad de las mujeres antes del matrimonio y su exclusividad después de éste.

Por otro lado, hay tribus en las que es común que las personas casadas, jóvenes y mayores, busquen amantes a los que frecuentan con regularidad; de dos a cuatro a la vez, aunque no revueltos. Los encuentros conllevan un cierto toque de clandestinidad, pero no son prohibidos; por el contrario, son tema de conversación abierta y hasta los niños están al corriente de ellos como algo natural. En la cultura occidental, es sabido que la infidelidad es común; sin embargo, guardamos las apariencias y la discreción.[64]

En épocas bastante más modernas, en los 60, se usaba vivir en comuna, intercambiar parejas o contar con varios compañeros sexuales, además del "oficial". En esos casos, el contrato no exigía jurarse fidelidad, pues estaba preestablecido que habría varios amantes. Ahora bien, no debe ser muy sencillo mantener esta diversidad de compañeros y además conservar a la pareja "estable". De hecho, pasó de moda bastante rápido, aunque es relativo porque los intercambios se siguen practicando.

Actualmente, en nuestra sociedad, hay una diferencia en la concepción y tolerancia de la infidelidad masculina y la femenina. Pareciera que es más natural la primera.

Alguna vez escuché a una señora definir a los hombres: "Los hombres por ser hombres son infieles"; por lo tanto, eso se espera que suceda y, *ni modo*, se acepta. Pero todo esto se refiere a los estereotipos y las normas que suponemos se deben seguir, no con una tendencia biológica, aunque más adelante presentaremos una explicación evolucionista sobre este punto.

Es cierto que en nuestra cultura ellos siguen teniendo más amantes que ellas, pero curiosamente las estadísticas indican que la infidelidad femenina ha aumentado.[65] Sin embargo, en cada caso las causas son distintas. Por lo general las mujeres buscan una relación extrapareja cuando sienten insatisfechos ciertos aspectos emocionales; por ejemplo, el cariño, la comprensión, la comunicación o la compañía. En cambio, los hombres tienden a vivir aventuras amorosas cuando el descontento es sexual.[66]

Ciertos factores culturales facilitan que se presente la infidelidad. Por ejemplo, pensar que con la esposa hay ciertas prácticas sexuales que no deben intentarse, pero que con otra mujer sí están permitidas; es decir, que está la que es madre y "se le respeta", por lo que no se disfruta mayormente la sexualidad con ella, y la otra con la que uno sí se puede divertir. Medir la masculinidad a partir de la cantidad de mujeres que un hombre es capaz de conquistar o pensar que ellos no deben ser sensibles, demostrar afecto o debilidad, refuerza este tipo de conductas. Ambos estereotipos, el del hombre insensible y macho y el de la mujer abnegada y para quien la sexualidad es una falta de respeto, fomentan dificultades de comunicación y frustraciones.

Pero así como las causas no son las mismas, la importancia que le da cada uno tampoco lo es. Una mujer tiende a tolerar más que su pareja se haya involucrado sexualmente con otra si no hubo sentimientos de por medio, si sólo fue "puro sexo". Pero un hombre, de manera inversa, soportará más que su mujer se haya involucrado afectivamente con alguien si no hubo contacto sexual.[67]

En todo caso, ¿cuáles serían los efectos? La infidelidad llevaría a la pareja a enfrentar, de seguro en una forma dolorosa, el verdadero problema que se esconde detrás de ese acto, y replantear algunos aspectos les ayudaría a sacar algo positivo de la crisis. Pero es necesario considerar que después del evento la relación no será igual que antes. En otros casos, la infidelidad lleva a la ruptura del vínculo, causando a veces profundos daños en uno o ambos integrantes. Uno, que ha sido víctima y otro, que se siente culpable. Aunque el daño estaría relacionado con el sentimiento de traición y éste, a su vez, con la importancia que se dé a la exclusividad.

La infidelidad. Una teoría evolutiva

Si analizamos la infidelidad desde un punto de vista evolutivo, parecería que el hecho de que los individuos busquen un mayor número de parejas con quienes reproducirse, aumenta las probabilidades de supervivencia de sus descendientes y, por lo tanto, también de su propia información genética.

En el mundo, aparentemente, 84 por ciento de las culturas permiten que los hombres se casen con más de una mujer a la vez, es decir, aceptan la poliginia (muchas mujeres); por el contrario, sólo en 0.5 por ciento de las culturas se presenta la poliandria, es decir, que las mujeres tengan varios maridos.[68] Siguiendo la misma tónica, esto se explicaría de la siguiente manera: los hombres, al contar con más parejas, engendrarán un mayor número de hijos que si sólo tuvieran una. En efecto, hubo un emperador chino que procreó 888 hijos, cosa que, es evidente, logró con muchas mujeres. Me pregunto si llegó a conocer a alguno de ellos, aunque creo que su interés no iba realmente por la línea de la paternidad responsable, ni comulgaba con la idea de "pocos hijos para darles mucho". En el caso de las mujeres con varios maridos, las posibilidades de reproducción siguen siendo las mismas, así que por el lado adaptativo no representa una opción muy atractiva. De una forma más bien instintiva, pareciera que la motivación masculina es diseminar el mayor número de genes posibles y la femenina, buscar la protección y supervivencia de sus congéneres.[69]

Empero, hay algo más allá que ese mero instinto de proliferación, ya que, a pesar del gran número de culturas en las que se permite la poligamia, sólo un pequeño número de hombres la practica. La mayoría opta por una sola esposa. Además, cuando hay varias parejas, suele existir preferencia por una en especial.

Parece que la monogamia es el tipo de relación por excelencia de los seres humanos. Casi de manera natural, terminamos la mayoría viviendo en pareja, y si bien no siempre se permanece con la misma toda la vida, por lo general hay una pareja estable a la vez, aunque desde luego se dan excepciones.

Aparte de la atracción física y el instinto que nos llama a reproducirnos, existe algo que mantiene el vínculo y que muy probablemente se relaciona con el fenómeno del enamoramiento y el amor. Si bien seguimos siendo animales, tenemos muchos aspectos culturales que influyen en nosotros, confundiendo y desvaneciendo el límite entre los instintos y la civilización. Y, por otro lado, está aquel aspecto de la paternidad, el deseo de dar a nuestros hijos lo que nosotros recibimos y de permanecer con ellos durante su desarrollo.

4. En solitario

MASTURBACIÓN

¿Pelos en las manos?

"Te pueden salir pelos en las manos", "Se te van a acabar los espermatozoides", "Te vas a quedar sordo" o "Te vas a volver loco", son algunos de los mitos que se han manejado durante muchos años como medida de control de la masturbación. Desde una perspectiva moralista, podríamos decir que el autoerotismo es mal visto y, aun más, se considera que tiene serias consecuencias tanto físicas como emocionales, que corrompe el espíritu y daña a las parejas. Pero, desde un punto de vista científico, se sabe que la automanipulación de los genitales u otras zonas erógenas del cuerpo no causa daños. No salen pelos en las manos, no se queda uno sordo ni loco, no es un acto que pervierta en sí mismo, no es causa de infertilidad y mucho menos de insatisfacción sexual. Incluso en el otro extremo, algunos sexólogos[70] afirman que el autoerotismo y el descubrimiento del propio cuerpo y de sus sensaciones son necesarios para el buen entendimiento sexual con la pareja y hacen posible un mayor disfrute de los encuentros sexuales.

El tono negativo está implícito en la palabra misma. "Masturbación" viene de las raíces latinas *manu* y *stuprare* que significan "corromper con la mano"[71]. Sin embargo, lo que entendemos comúnmente como masturbación es un tipo de actividad sexual mediante la cual se obtiene placer y se puede llegar al orgasmo; es la autoestimulación manual (o con algún objeto) de los órganos genitales u otras zonas erógenas con el fin de producirse placer uno mismo.

En la actualidad, en vez de masturbación, se utilizan los términos autoerotismo, automanipulación o autoestimulación. El término "auto" implica que es hacia uno mismo, por lo que no podemos incluir dentro de esta expresión de la sexualidad lo que por lo general se denomina masturbación mutua; más bien se trata de una estimulación a la pareja, como parte del juego sexual.

Cuando se habla de masturbación suele pensarse automáticamente en el autoerotismo masculino, como si se diera por sentado que las mujeres no tienen ese tipo de prácticas. Es cierto que en ellas la frecuencia es bastante menor que en los hombres; de hecho, algunas mujeres ignoran por completo que la autoestimulación femenina es posible. Y, si la masturbación masculina es criticada, la femenina lo es mucho más.

Hasta tiempos relativamente recientes no se consideraba importante que la mujer experimentara ningún tipo de placer al tener relaciones sexuales y, por tanto, menos importancia tenía aun que pudiera sentirlo estando sola. La idea de que las damas "decentes" no debían experimentar placer llegó a ser tan fuerte y tan importante que en el siglo XIX hubo médicos ingleses, y posiblemente también en otros países, que practicaban a las mujeres clitoridectomías (extracción del clítoris) para evitar que llegaran a disfrutarlo en algún momento. Además, se argumentaba que la falta de estimulación del clítoris curaba enfermedades, incluyendo la histeria, la cual se consideraba una enfermedad femenina originada en los órganos sexuales[72].

Pero mire lo que son las cosas: a finales del siglo XIX, los médicos observaron que la histeria era una de las enfermedades más comunes, considerando que algunos de sus síntomas consistían en ansiedad, congestión en la pelvis, tendencia a tener fantasías sexuales, insomnio, irritabilidad y "exceso" de lubricación vaginal. El tratamiento que se aplicaba a estos múltiples casos consistía en producir una "crisis" de la enfermedad, para lo cual el médico masajeaba, con los dedos y con la ayuda de fragantes aceites, la vulva de la paciente. La "crisis" producida por el masaje se denominaba "paroxismo histérico". Después del tratamiento, las pacientes solían sentirse mejor y notar que los síntomas disminuían, en particular el insomnio y la congestión pélvica.

No todos los médicos reconocían el carácter sexual de su tratamiento, pero más de alguno sí, por lo que, como prescripción, recetaban a sus pacientes casadas que tuvieran relaciones sexuales y a las solteras que se casaran pronto. Pero no a todas se les podía pedir eso, y para quienes no era posible el contacto sexual con una pareja, como las demasiado jóvenes, las viudas y las religiosas, era necesario el tratamiento aplicado por el médico.

Para otros médicos quizá pasaba desapercibido el aspecto sexual de su tratamiento, pues pensaban que la única manera de excitar a una mujer era a través de la penetración vaginal, lo cual, por supuesto, es falso. Entonces, al no haber penetración, sino sólo masaje vulvar, no podía considerarse un tratamiento "inmoral".[73]

En fin, por un lado se consideraba que la estimulación sexual podía producir el padecimiento y por el otro se utilizaba como un tratamiento médico y científico para curar el mismo; y lo que socialmente se rechazaba, al mismo tiempo se utilizaba en forma camuflada, como un tratamiento.

En el caso de los hombres, la autoestimulación ha llegado a aceptarse un poco más —en especial en la adolescencia—, aunque tampoco del todo. Desde siglos atrás, la circuncisión había sido una práctica común en algunas religiones, como parte de sus tradiciones o con el objetivo de mantener una mayor higiene. A principios del siglo XX empezó a adquirir mayor popularidad entre los occidentales en general, con la idea de que si hacían la circuncisión a los niños, evitarían que éstos se masturbaran al ser más grandes.[74] En la actualidad, aun después de haberse comprobado que esta teoría "antimasturbación" no es correcta, la circuncisión se ha seguido llevando a cabo, ya sea por costumbre o como medida de prevención e higiene. Otras medidas para controlar el autoerotismo han sido los temores y mitos respecto a esta práctica, de los cuales persisten algunos.

A pesar de ello, el autoerotismo es una conducta bastante común entre los seres humanos, por lo menos en algún momento de sus vidas y, de hecho, no es privativa de nosotros. Ciertos animales, como los mandriles, también estimulan sus genitales, en ocasiones hasta llegar a la eyaculación y sólo digo eyaculación porque es mucho más común en machos que en hembras.[75]

La autoestimulación puede ser un medio para conocer el cuerpo, para familiarizarse con él y con las sensaciones que produce; una manera de descubrir la propia sexualidad y la capacidad de placer que tenemos. Obviamente, esto tampoco implica que sea la única manera, ni que quien no esté de acuerdo en practicarla o le disguste deba cambiar de opinión.

La autoestimulación a lo largo de la vida

Si bien tendemos a verla así, la autoestimulación no es una actividad privativa de la adolescencia, mucho menos de los hombres adolescentes. Los niños y las niñas están descubriendo su cuerpo y, como parte de esa exploración, autoestimulan sus órganos genitales encontrando en ellos sensaciones distintas de las que producen otras zonas. Para los adultos esto no siempre es fácil de entender, por lo que es común que reaccionen diciendo cosas como: "Déjate ahí" o: "No te toques", dando desde ese momento una connotación negativa a ese tipo de actividad.

En realidad, la gran duda de los padres es cómo controlar ese tipo de conductas para evitar que se vuelvan compulsivas, además de que no son adecuadas en público. Más adelante, en la etapa de la pubertad y la adolescencia, los miedos acerca de los daños que la práctica puede provocar y el temor a que se transforme en un vicio u obsesión resurgen, y entonces hacemos uso de ese sinnúmero de mitos que mencionamos para intentar controlar tales conductas.

La autoestimulación en la adolescencia tiene como función que el o la joven conozca las nuevas sensaciones que hay en su cuerpo y que se familiarice con los cambios. Son ensayos que le pueden dar un mayor conocimiento y control de sí mismo. Podría ser una actividad perjudicial cuando la persona no lo hace con la higiene adecuada y se provoca infecciones, o cuando utiliza objetos que pueden lastimarla. Sería algo de qué preocuparse realmente si lo único que hace es pasar la vida encerrado autoestimulándose, sin poder funcionar en la escuela o en el trabajo, si no tiene amistades ni contacto social. En ese caso, es muy probable que esta conducta sea más bien un síntoma de algún otro problema emocional.

Pasada esta etapa, si bien el interés por la actividad por lo general disminuye, hay gente adulta que sigue practicándola cuando está sola, y a veces aun teniendo una pareja, sin que eso signifique que su vida sexual sea poco satisfactoria.[76] Es común pensar en el autoerotismo como la sustitución de la sexualidad en pareja; no obstante, se trata de actividades que producen sensaciones distintas y hay personas a quienes en ocasiones les gusta también experimentar el placer a solas. Desde luego, si el autoerotismo predomina ampliamente sobre la actividad en pareja, o si es la única manera de encontrar satisfacción, es muy posible que se presenten problemas entre los compañeros y que exista algún conflicto oculto que habría que resolver.

Dado que al autoerotismo, al igual que otro tipo de actividades sexuales, se le ve como algo ajeno a los adultos mayores, a veces hasta la misma persona que lo practica se siente fuera de lugar y piensa que hace algo que ya no le corresponde. Sin embargo, el deseo sexual no necesariamente desaparece —y en realidad no tendría por qué hacerlo— y, con frecuencia, sobre todo cuando la persona se queda viuda o sola, el autoerotismo puede ser una opción.[77]

Ahora, en gustos no hay nada escrito: a algunos, la autoestimulación les resultará atractiva y otros quizá no la consideren entre sus alternativas. Lo bueno es que no todos tenemos que ser iguales.

¿En qué se parecen un vibrador y una licuadora?

Si bien la sexualidad y la respuesta sexual humana (masculina y femenina) han existido desde que el ser humano fue humano, la interpretación y el juicio que de ellas se han hecho han variado según las culturas, los momentos históricos y las creencias religiosas. Se han contemplado desde un punto de vista distinto y, como sucede en el caso de la histeria y el placer sexual, se le han adjudicado beneficios y y perjuicios según la perspectiva. Pero no podemos negar que la actividad sexual siempre ha existido y desde tiempos muy remotos se han inventado objetos para producir placer sexual, como los dildos[78] hallados en los vestigios de culturas muy antiguas. Estos penes artificiales, de marfil, de madera o de otros materiales, sugieren que la masturbación o autoerotismo es en realidad una práctica sumamente antigua[79.]

A finales del siglo xix los dildos adquirieron un significado distinto y se utilizaron en los tratamientos para curar la histeria de la manera ya mencionada. Los médicos que trataban este padecimiento atendían a muchas pacientes debido a la frecuencia con que se presentaba el mal y necesitaban encontrar algo que facilitara y agilizara su labor. Por consiguiente, los dildos también fueron blanco de los avances tecnológicos y cerca de 1870 surgieron los primeros vibradores electromecánicos. Desde el punto de vista médico, era muy práctico tener un utensilio portátil que simplificara su trabajo, así que alrededor de 1880 se adoptaron como instrumental médico.

La aparición de estos instrumentos fue muy aceptada tanto entre los médicos como entre las consumidoras, ya que era práctico y mantenía oculto el componente sexual del procedimiento. Un punto más a su favor es que, en aquellas épocas, los tratamientos psiquiátricos basados en descargas eléctricas eran bastante usuales, así que el hecho de que el vibrador fuera un instrumento eléctrico justificaba su uso.

A principios del siglo xx los vibradores se introdujeron en el mercado doméstico, manteniendo su objetivo terapéutico. Se dirigían principalmente a las mujeres y se vendían de una forma un tanto cuanto disfrazada; es decir, si alguien que ignoraba su uso veía la publicidad, tal vez no se percataría de su función, mas quien sabía lo que era lo entendía a la perfección. Por ejemplo, el vibrador podía comprarse como parte de un *set* denominado *Ayudas que cualquier mujer aprecia*, el cual incluía un motor eléctrico adaptable a un ventilador, una licuadora, una máquina de coser, una batidora y un vibrador, entre otros. En ocasiones se exhortaba a los hombres a que lo regalaran a sus mujeres —algo así como: "En el Día de la Madre, regale a su esposa una licuadora (que incluía el vibrador en el set)"— o para que vendieran el producto de puerta en puerta. Se consideraba a los vibradores como objetos que ayudaban a estimular la circulación, a relajarse, a borrar las arrugas, y que poseían efectos curativos y embellecedores. Su venta era aceptada porque se eludía por completo el uso sexual que podían tener. Sin embargo, cuando empezaron a aparecer en películas pornográficas, los aparatos fueron retirados temporalmente de la venta. Su disimulo dejó de funcionar y su carácter sexual llegó a ser demasiado obvio.[80] Estos artefactos son aún utilizados por algunas personas como parte de sus encuentros sexuales o como accesorios para el autoerotismo.

Lo que son las cosas, ¿no? Mientras tuvieron una función médica y supuestamente no sexual —aunque en el fondo sí lo era—, no hubo problema, pero cuando se declaró excitante de manera abierta, el sentido con el que se interpretaba cambió por completo. ¿Nos pasará eso con algunas otras prácticas o relaciones?

FANTASÍAS SEXUALES

Los visitantes nocturnos

Desde épocas remotas, se conoce la existencia de orgasmos durante el sueño y de sueños húmedos o poluciones nocturnas. Entre los babilonios se hablaba de una "doncella de la noche" que visitaba a los hombres mientras dormían, provocándoles la eyaculación. Pero no sólo había un ente que visitara a los hombres: en el caso de las mujeres, existía un "hombrecito" que frecuentaba los lechos femeninos e inducía orgasmos. Más tarde, en la época medieval, esos personajes imaginarios, que aparentemente no eran nocivos, fueron transformados en demonios.[81] Aquellos que se acercaban a las mujeres se llamaban *incubus* y se colocaban sobre ellas durante las noches. Con los hombres la situación era al revés: se llamaban *succubus* y yacían debajo de ellos. En ambos casos tenían relaciones carnales con ellos y los alejaban así de su fe. Estos demonios tenían la capacidad de presentarse en forma de mujeres o de hombres, absorbiendo primero el semen masculino y depositándolo después en la mujer. En aquel entonces los demonios también intervenían de otra manera en la actividad sexual. En la época de Tomás de Aquino y aun antes, se hablaba de la "impotencia por encantamiento", provocada por tener relaciones con mujeres impúdicas que, mediante artes mágicas, impedían que el hombre pudiera tener relaciones sexuales con su esposa.[82] Esta idea de seres versátiles que podían transformarse en hombres y mujeres también existía en África occidental. No se trataba de demonios, pero sí visitaban a personas de ambos sexos durante el sueño.

Las experiencias eróticas durante el sueño han existido a través de los tiempos y, de manera universal, desde entonces se ha buscado encontrarles alguna explicación.

Soñar despierto

Si bien no toda la gente tiene fantasías sexuales (o por lo menos expresamente eróticas), muchos experimentan ensoñaciones diurnas con cierta frecuencia. En algunos casos y para algunas personas, el contenido y la aparición de estas fantasías es controlable; se puede dirigir el curso de la historia, decidir su desenlace y detenerla en cuanto se desea. No obstante, existe otro tipo de fantasías recurrentes que no necesariamente se presentan por voluntad propia. Por ejemplo, pueden aparecer involuntariamente pensamientos sexuales con las personas que se frecuentan durante el día, sin que eso signifique que se desee llevarlas a cabo o que en realidad uno se sienta atraído por cualquier transeúnte. Este tipo de fantasías puede estar asociado con estímulos o situaciones sexuales, o aparecer sin que intervenga ningún factor sexual específico.

Si uno considera que las fantasías eróticas por fuerza deben incluir escenas explícitas de actos sexuales, tal vez piense que no las tiene porque lo que suele imaginarse es más bien romántico, como soñar con que se está con la persona amada a la orilla del mar, mirando la puesta de sol, sintiéndose plenamente querida(o), o pasar horas recordando algún buen momento vivido con la pareja. O, por el contrario, también uno puede llegar a sentirse anormal y culpable por imaginar situaciones que en la vida real jamás llevaría a cabo o que le parecen inmorales y descabelladas.

En las fantasías eróticas, la persona puede imaginar toda una historia, con escenario, diálogos, desenlace y demás, o sólo visualizar imágenes aisladas que le provocan una reacción sexual.

Hay diferentes tipos de fantasías que van de lo más consciente, como imaginar un escenario agradable o sentirse atraída por una persona y desear tener contacto sexual con ella, hasta los sueños eróticos que se presentan mientras se duerme, pudiendo culminar en un orgasmo.[83] Y no es lo mismo imaginar situaciones que podrían ser placenteras, que pretender llegar al orgasmo con la ayuda de ellas; el contenido de la fantasía no es el mismo.

Las actividades sexuales pueden ser acompañadas por fantasías, siendo para algunos un complemento estimulante. De hecho, el uso de la imaginación es algo a lo que se recurre con frecuencia en las terapias sexuales.[84]

Muchas de las fantasías suelen ser placenteras, pero hay otras que incomodan a la persona, la angustian o están fuera de su control. Tienen mucho que ver con lo que hemos vivido y con cómo hemos ido aprendiendo de la sexualidad desde los primeros años, aunque no necesariamente imaginemos lo que vivimos. Acaso tuvimos en la familia imágenes muy violentas al respecto y, en lugar de que nos parezca excitante, imaginamos la escena romántica y tierna por excelencia como una manera de huir o reparar lo que nos resultó desagradable. También es posible que si tuvimos contacto con imágenes pornográficas o crudas de la sexualidad y nos parecieron excitantes, asociemos las fantasías con escenas como ésas. Pero no hay una regla, cada individuo reacciona distinto a sus vivencias y utiliza la fantasía de una manera muy personal. Lo que sí se puede aplicar a la mayoría es que el entendimiento de las propias fantasías nos puede ayudar a percibirlas con mayor libertad, sin sentimientos de culpa y, sobre todo, a aprovecharlas en forma positiva y como un ingrediente más en la vida sexual. Una forma de poner un poquito más de creatividad y juego a la sexualidad.

Diferencias entre sexos

A pesar de que hombres y mujeres fantaseamos con escenas que nos parecen excitantes, existen ciertas diferencias entre ambos sexos en cuanto al tipo de ensoñación, el contenido y el rol que juega el protagonista. Para empezar, los hombres tienden a tener pensamientos sexuales con bastante más frecuencia que las mujeres. Según John Townsend[85], antropólogo, estudioso e investigador de las relaciones heterosexuales, los hombres se excitan con mayor facilidad, con más frecuencia y son más susceptibles a responder sexualmente a estímulos que no tienen esa connotación; él atribuye estas diferencias a una reacción innata más que aprendida o cultural. Aparte de la periodicidad con la que ocurren, parece existir una diferencia básica entre las fantasías masculinas y femeninas, la cual reside en que para los hombres la fantasía gira en torno a ellos y se imaginan con alguien desinhibido y deseoso, en tanto que las mujeres se ven a sí mismas como el deseo de otra persona.

Es bastante común que sepamos más de las fantasías masculinas que de las femeninas, quizá porque por lo general el interés por la sexualidad y el placer está más asociado con lo masculino, mientras que, a pesar de que se considera que las mujeres son más comunicativas y tienden a la ensoñación, no hablan tanto de sus deseos sexuales ocultos o por lo menos ésta no se considera una característica especialmente femenina. Sabemos que el hombre es más susceptible a los estímulos visuales y que ver un cuerpo que le parece atractivo o segmentos de él (piernas, senos o genitales) desencadena con mayor facilidad el uso de su imaginación.[86] Esas diferencias son también las que hacen que el material pornográfico sea mucho más exitoso entre los varones que entre las mujeres, quienes tienden a fijarse en cualidades no físicas e incluir elementos emocionales en sus fantasías (aunque hay de todo).[87]

Debido al silencio y la imagen que se ha creado en torno a las fantasías sexuales femeninas, algunos hombres pueden llegar a sorprenderse de que sus parejas las tengan o de los contenidos de éstas y a veces las mismas mujeres también se asombran al descubrir que sí fantasean y se preguntan si es normal, de dónde salen esas imágenes, si significan algo o si pueden llegar a tener alguna función.

Las funciones y los significados de las fantasías sexuales

Así como con el uso de la grafología —estudio de la personalidad de un individuo a través del análisis de su escritura— podemos descubrir ciertas características de una persona, al analizar nuestras fantasías nos es posible aprender más sobre nosotros mismos.[88] Y así como se trabaja cambiando la letra y ciertos hábitos de escritura para influir en la expresión personal, al trabajar sobre nuestras fantasías sexuales y modificarlas podemos influir en la vida sexual real.

Las fantasías sexuales pueden tener la función de aumentar la autoestima, incrementar el deseo y las sensaciones sexuales, facilitar el orgasmo, satisfacer la curiosidad, relajarse, mantener presente un buen recuerdo y afrontar situaciones que fueron difíciles y dolorosas en el pasado. Podemos cambiar nuestro aspecto físico, jugar papeles contrarios a lo que normalmente somos, experimentar y ensayar todo tipo de situaciones. También, podemos dar un final diferente a experiencias pasadas desagradables y brindarnos más seguridad a nosotros mismos.

La imaginación, en algunos casos, puede llegar a ser muy útil. Por ejemplo, hay mujeres que recurren a la fantasía sexual como una manera de provocar el deseo en ellas mismas cuando su pareja quiere tener relaciones sexuales y ellas no se sienten motivadas. De esta manera disfrutan ellas también, sin descartar, claro, la posibilidad de negarse al encuentro cuando definitivamente no lo desean. Otras personas imaginan que se hallan en un lugar tranquilo, aislado y romántico, donde nada les preocupa y donde no existe la posibilidad de ser interrumpidas. Esto les permite relajarse y disfrutar de su vida sexual, sin pensar que sus hijos están durmiendo en la habitación contigua o dejando de lado las tensiones cotidianas.

Cuando una mujer se siente muy inhibida, temerosa, culpable o avergonzada de su sexualidad, por medio de la fantasía puede crear las circunstancias necesarias que la tranquilicen y le proporcionen confianza, puede experimentar poco a poco nuevas situaciones que la lleven a sentirse más segura en el plano sexual y le permitan vivir su sexualidad de una manera más relajada. Es posible que en la fantasía se logre crear la situación idónea pero que en la vida real sea completamente lo contrario, que la mujer se sienta insegura con su pareja, no tomada en cuenta o que le provoque culpa ser activa. Entonces, si la persona analizara el contenido de esa escena utópica y viera qué es lo que la hace sentir segura, libre y atractiva, quizá caería en la cuenta de que se debe a ciertas características de la pareja, la situación, el ritmo del encuentro o algún otro elemento y descubriría lo que para ella sería importante y trataría de procurárselo.

Mediante la fantasía, hombres y mujeres pueden superar la ansiedad que produce un encuentro sexual y reforzar su capacidad de sentirse bien en una situación así y disfrutarla. Pongamos el ejemplo de una mujer que en sus fantasías sexuales siempre se imagina con el completo control de la situación: ella es la activa, la que decide, la que domina.

Al analizar el contenido de sus fantasías y encontrar esas constantes, podría notar que tiene temor a dejarse llevar por la situación en la realidad y de perder el control de ella misma quedando vulnerable. Desea cambiar eso y siente que hacerlo directamente en su vida sería muy difícil. Sin embargo, en su fantasía va cambiando ciertas escenas en las que hay equidad en la pareja, en las que ella domina menos y se siente tranquila, y así paulatinamente va cambiando el contenido de la fantasía y le resulta posible hacerlo poco a poco en la vida real.[89]

Una de las cualidades de la ensoñación voluntaria es que la persona tiene la posibilidad de manejar las variables a su antojo y entonces puede abandonarse a experiencias que jamás llevaría a cabo en su vida real sin las consecuencias que implicaría de verdad hacerlo. Uno puede crear situaciones que en la fantasía son emocionantes pero que si se concretaran podrían causar un conflicto o transformarse en una vivencia terrible. En ocasiones las imágenes evocadas tienen que ver con aspectos que social o personalmente se consideran prohibidos.

Una fantasía frecuente podría ser tener relaciones sexuales con la pareja de un(a) amigo(a) o, en el caso de algunas personas heterosexuales, sus fantasías podrían incluir escenas con una persona de su mismo sexo, sin implicar que en la realidad se sientan homosexuales o tengan actividades de ese tipo. Uno no necesariamente quiere que se haga realidad lo que fantasea.

Para hombres y mujeres, la ensoñación brinda la posibilidad de ensayar una situación antes de que ésta se presente, analizando las consecuencias de distintas reacciones que se podría tener. Esto es especialmente frecuente en la adolescencia[90], cuando los jóvenes se enfrentan con constancia a situaciones nuevas, por lo que encuentran útil imaginar, por ejemplo, cómo seducirían a la persona que los atrae o qué podrían llegar a sentir si ésta los besara y cómo lo harían. Prever las situaciones eróticas a las que probablemente nos vamos a enfrentar no es algo privativo de la adolescencia, aunque la frecuencia con que se presentan este tipo de fantasías sí disminuye con la edad.

En el plano sexual directo, la fantasía puede tener la función de provocar la excitación sexual, aumentarla e incluso facilitar el orgasmo. Si la persona carece de pareja, puede ser una manera de obtener placer sexual, y suele acompañar a la masturbación.

Hay de fantasías a fantasías y algunas pueden tener efectos positivos y gratificantes para la persona, en tanto que otras llegan a convertirse en una obsesión.

Cuando esto último sucede, la fantasía viene constantemente a la mente de la persona, haciéndose indispensable para que pueda obtener placer sexual, y a la larga afecta su relación de pareja y la lleva a encerrarse en su propio mundo. Más que tratar de ir en contra de los pensamientos que de pronto llegan a la mente, o sentirse mal o confundido por ello, entender lo que quieren decir las fantasías y la función que están cumpliendo puede ser muy benéfico para conocernos mejor y sacarles provecho.

5. Para disfrutar en pareja

El beso

¡Chuik!, ¡mua!, ¡smaak! son diferentes sonidos alusivos al beso. Pero ¿qué es un beso? Un beso u ósculo es una acción que implica juntar y separar los labios.

Hay muchos tipos de besos; pueden darse en diversas formas a objetos y personas, en diferentes partes del cuerpo con significados sumamente distintos.

Por ejemplo, un beso en la mejilla se da para saludar, para demostrar afecto y en ocasiones por convencionalismo social. Pero hay otro tipo de besos que tienen un significado más bien erótico y sensual, como podría ser, en nuestra cultura, un beso en la boca. Digo en nuestra cultura porque hay lugares donde el contacto de boca con boca no tiene necesariamente un significado sexual. Los rusos se saludan con un beso en la boca, incluso entre hombres; también hay quienes besan en la boca a sus hijos como un saludo y muestra de cariño, el cual obviamente no tiene un motivo incestuoso.

Y, ¿de dónde surge esta extraña costumbre de besarse en la boca?

Según estudios antropológicos[91], el posible origen de esta costumbre bastante generalizada de la especie humana se encuentra en épocas remotas, cuando los adultos, para poder alimentar a sus hijos pequeños carentes de dientes, tenían que premasticar la comida y dársela al bebé directamente de boca a boca. Esta misma costumbre se asimiló después al cortejo, omitiendo el traspaso de comida y dejando sólo el contacto labial.

Otra teoría proviene del concepto de algunas culturas, como la hindú, de que el aliento contiene el alma. Entonces, juntar ambas bocas, y por lo tanto ambos alientos, implicaba la unión de las almas, una unión profunda entre dos personas. En la cultura cristiana existe una imagen semejante, ya que, según se cuenta, cuando Dios creó al hombre, le introdujo el espíritu de la vida respirando en él.

A pesar de que besar es una conducta ancestral, no en todos los tiempos ni en todas las culturas ha tenido la misma interpretación e importancia. En épocas de Constantino existía la llamada Ley del Ósculo (creada en 336 d.C.), donde si el novio moría antes del matrimonio, la novia que había sido besada tenía derecho a la mitad de la herencia; sin embargo, si no había habido beso de por medio, tampoco habría herencia.

No en todas las culturas el beso en la boca es aceptado o por lo menos usual.[92] Entre los esquimales, los maoríes en Nueva Zelanda, comunidades de Malasia y algunos pueblos africanos y asiáticos, el beso común consiste en frotar nariz con nariz. Si nos remitimos a los orígenes, también se estaría juntando alma con alma al mezclar las respiraciones.

La interpretación del beso tiene una gran carga cultural, tanto que hace algunos años en un poblado de Brasil estuvo prohibido besarse en público. Lo cierto es que, independientemente de la interpretación que le demos, el beso occidental que implica el contacto de dos bocas semiabiertas y el movimiento de músculos faciales tiene un efecto sobre el organismo, al igual que las relaciones sexuales. La saliva que se intercambia puede facilitar la digestión y fortalecer el sistema inmunológico. En un beso apasionado se traspasa de boca a boca agua, sal, grasa... y cerca de unas doscientos cincuenta bacterias.

Clasificaciones y recomendaciones sobre el beso

Hay besos más apasionados, otros más románticos, tímidos o superficiales y, según la intención y la forma, han adoptado ciertos nombres populares que incluso son usados por los especialistas.

En el *Kama Sutra*[93] existe un apartado que habla en específico del beso, donde se le clasifica según la intención que denote. Por ejemplo, el beso nominal, que es más bien pasivo; el palpitante, que implica el movimiento del labio inferior; y el de tocamiento, en el que interviene la lengua; además se habla del beso directo, el inclinado, en escorzo y el de opresión. Y si nos ponemos más específicos, podemos encontrar "el beso que despierta" o "el beso que aviva el amor", que se refiere a cuando una mujer besa a su amado mientras duerme para mostrarle su deseo. En fin, hay besos para todas las ocasiones y gustos.

En la sociedad occidental uno de los besos más nombrados es el "beso francés", también conocido como "beso profundo", considerado uno de los más íntimos y eróticos. Por esta misma razón no es el beso que se da con mayor frecuencia; de hecho, según encuestas hechas por William Cane, mencionadas en su libro *El arte de besar*[94], las mujeres gustan del beso a la francesa pero opinan que en ocasiones los hombres recurren a él con demasiada frecuencia; dicen que no les agradaría recibir esa clase de beso si es el primero y una recomendación importante para que sea placentero y de larga duración, es aprender a respirar por la nariz al mismo tiempo que se besa. Sobre esto mismo, Enoch Alvarado, en su libro *Guía del perfecto amante*[95], recomienda hacer breves pausas sin separar por completo los labios, como una forma de tomar aire sin perder el contacto, además de tragar con discreción la saliva para evitar que se acumule demasiada y se escurra. En verdad, hay sugerencias de todo tipo. El mismo Alvarado menciona la importancia de lavarse la boca antes de besar y procurar tener un buen aliento, punto importante destacado por Roberto Max en su entretenido e ingenioso artículo "La etiqueta sexual".[96]

Otros tipos de beso son los que se dan con los labios cerrados, en los cuales, según quienes escriben sobre el tema, es recomendable no presionar demasiado sobre los labios del otro ni permanecer periodos prolongados en la misma posición.

Además existen el beso eléctrico, que da toques que a veces suceden sin intención; el sorpresa, el sonoro, el tierno, el salvaje y todos los demás que se le puedan ocurrir.

Las caricias

Hay una serie de conductas no coitales que son eróticas y placenteras en sí mismas; algunas veces se presentan aisladas y otras, como parte del preámbulo de una relación sexual coital. Se trata de las caricias eróticas que son muy comunes y constituyen una de las expresiones de afecto y atracción entre una pareja. Son también las primeras experiencias sexuales de muchas personas. Una caricia erótica es la que busca producir excitación en el receptor. No obstante, vale la pena aclarar que a veces una caricia que pretende ser erótica no causa, en lo más mínimo, ese efecto en quien la recibe, sino, por el contrario, uno desagradable o completamente indiferente. O bien, en oca-siones no tenemos la intención de despertar ese tipo de reacción en la otra persona, pero por la atracción que ella siente y el contexto en que lo ubica, podría surtir ese efecto.

Hay caricias que tienen mayor carga erótica por su propia naturaleza, como las que se dirigen a los órganos sexuales directamente; pero no sólo ésas son zonas susceptibles de provocar excitación: la zona erógena más grande de todo el cuerpo es la piel y, por lo tanto, cualquier parte del mismo puede ser susceptible de provocar excitación. Claro, eso depende mucho de la persona, pues cada una tiene algunas zonas más sensibles y otras menos.

Además, como hemos dicho, no toda caricia con intención erótica tiene un efecto excitante, y lo mismo sucede cuando dentro del juego sexual se dan caricias que a veces pueden ser molestas para el otro o incluso dolorosas; o, por el contrario, se evitan ciertas zonas porque pensamos que no surten ningún efecto.

Las mujeres se quejan de que los hombres no otorgan suficiente importancia al juego erótico previo a la relación sexual —es decir, a las caricias eróticas— y lo toman como una causa de su insatisfacción sin sentir que puedan hacer mucho al respecto. El siguiente chiste feminista al respecto podría servir de ilustración.

Un hombre dice a su mujer:

—¿Qué te parece si nos echamos un rapidín?

Y ella le responde:

—¡Ah!, ¿qué existe acaso otra manera?

Estas mujeres afirman que los hombres van directo a la penetración y su propio placer, como si pensaran que lo que a ellos los lleva al orgasmo es lo mismo que estimula a una mujer.[97] Sin embargo, también se sabe que para muchos hombres es muy importante la satisfacción de su pareja, y de hecho se sienten responsables de ella. Se cree que las mujeres no deben o no pueden tomar la iniciativa en los contactos sexuales, y que los hombres saben cómo hay que conducir el asunto[98], por lo que aparentemente ni siquiera habría oportunidad de buscar alternativas. No obstante, no se puede saber todo sobre menesteres sexuales porque, en primer lugar, cada persona es distinta al igual que lo es cada encuentro sexual. Por consiguiente, más que saber todas las técnicas, sería importante poderse conectar con el momento y con la persona.

Si nos basamos en los supuestos mencionados será mucho más difícil llegar a un buen entendimiento sexual y alcanzar mayor satisfacción mutua, cercanía e intimidad. Hay que ser conscientes de que la pareja no es adivina y no puede saber con exactitud lo que esperamos en el momento justo. Si no hay comunicación (verbal o no verbal), es difícil que el otro se entere de lo que se espera de él.

Zonas y estímulos eróticos

En el juego sexual, las caricias eróticas están acompañadas de una serie de estímulos que pueden intensificar o disminuir el deseo. Podemos ser más sensibles a los estímulos auditivos, a los visuales o los kinestésicos (relativos a las sensaciones). Para el común de las mujeres, el tacto y la audición son importantes en este aspecto. Por eso se dice vulgarmente que para conquistar a una mujer más vale saberle hablar que ser bien parecido. Para los hombres, los estímulos visuales suelen ser más efectivos en un primer momento. Y en ambos casos, es importante saberse atractivo para la pareja y que ésta disfruta de nuestra compañía y contacto, lo cual puede expresarse de alguna o varias de estas maneras.

El olfato también juega un papel muy importante en el contacto erótico, y el olor mismo de la pareja puede ser excitante. Hay personas a las que les gusta que su pareja huela a cierta loción o perfume en especial y otras que prefieren el olor natural del cuerpo; claro, sin llegar a extremos que puedan ser desagradables, como el acumulado después de varios días de no bañarse... aunque uno nunca sabe, tal vez haya a quien eso le parezca atractivo. Y entre estos mismos estímulos tenemos también el sabor de la persona, las texturas, la temperatura corporal, todo aquello que pueda ser percibido.

Las principales zonas erógenas de la mujer son los órganos sexuales externos y las áreas que los rodean, como la parte interna de los muslos y el bajo vientre. El clítoris, en particular, es muy sensible y puede provocar sensaciones fuertes; pero por lo mismo, si es estimulado en exceso o con demasiada fuerza, puede causar más molestias que placer. Los senos también son una zona muy sensible, en especial los pezones.

En los hombres, las zonas erógenas más características son los genitales y las áreas cercanas a ellos. En específico, el glande o cabeza del pene y, con mayor precisión aún, el frenillo. El escroto y cuerpo del pene también son muy sensibles y, aunque se les ha asociado más con las mujeres, los pezones suelen ser una zona muy erótica para los varones.[99] El tipo de contacto que puede ser placentero para un hombre y para una mujer tal vez varíe. Debido al tipo de tejido de sus órganos sexuales, ellas suelen preferir un contacto más suave; en cambio, ellos quizá tengan sensaciones más intensas con movimientos más seguros. No obstante, el ritmo y la presión del contacto varían según el momento del juego sexual y las reacciones que surjan. Y justamente variar estos ritmos puede evitar caer en la monotonía.

Si bien estas zonas son consideradas erógenas en la mayoría de los hombres y las mujeres, cada persona responde de manera distinta y tiene preferencias particulares. Muchas otras partes del cuerpo pueden ser erógenas, y muchas veces eso se debe a un proceso de asociación. Es decir, si a una persona le acarician el cabello cada vez que va a tener una relación sexual, con el tiempo, el cabello podría convertirse en una zona que provoque respuestas de ese tipo. Lo mismo podría suceder con el olor de la pareja, que, a fuerza de asociarlo con el contacto sexual, se vuelve erótico en sí mismo. De esa manera se puede erotizar todo el cuerpo y no necesariamente limitarse a ciertas partes.[100]

Las caricias eróticas pueden ser muy satisfactorias en sí mismas o formar parte del preludio a la relación sexual, en cuyo caso se ha visto que, cuanto más se disfruta el contacto previo y mayor importancia se le otorga, más probabilidades existen de responder plenamente durante el coito y de que éste sea más satisfactorio; y cuando el fin único del contacto sexual se reduce a llegar a un orgasmo y no a compartir con la pareja, los encuentros sexuales tienden a volverse aburridos.

El punto G

Durante muchos años se pasó por alto la sexualidad femenina o sólo se le tomó en cuenta desde el punto de vista reproductivo. En la época victoriana se desexualizó a la mujer, quien no podía ni debía demostrar ningún tipo de placer o interés al respecto. Con Freud se abrió una nueva perspectiva de la sexualidad y se tomó como tema de estudio y parte vital del proceso de formación del ser humano. Para Freud[101], lo adecuado era que las mujeres sintieran orgasmos vaginales y no provocados por el clítoris, lo cual, según el psicoanalista, significaba que no habían alcanzado la genitalidad y se habían quedado estancadas en etapas del desarrollo anteriores. Al surgir el estudio de la sexualidad como una disciplina más delimitada, cosa que sucedió a finales de la década de los cuarenta, se empezó a investigar más a fondo la respuesta sexual humana como tal. Al hacerlo, se cuestionó la teoría de que la vagina debía ser el foco de placer en la mujer y se reivindicó el papel del clítoris en la sexualidad femenina, dándole un lugar preponderante. En la actualidad se sabe que ambas partes son sensibles y que las sensaciones que producen se suman, no se excluyen. Además, no son las únicas; por un lado, por la capacidad erógena que pueden tener otras muchas partes del cuerpo y por el otro, porque se sabe mucho más del famoso Punto G.

El Punto G o Punto de Gräfenberg[102] es una zona situada aproximadamente a unos cinco centímetros de la entrada de la vagina hacia adentro, sobre la pared anterior. Está detrás del hueso del pubis, a lo largo de la uretra (el conducto por el que pasa la orina, de la vejiga hacia afuera). Para que quede más clara su ubicación, imaginemos un reloj horizontal en el vientre de una mujer, donde las 12 quedan hacia el ombligo; en ese caso, el punto G se ubicaría entre las 11 y la 1. Es una pequeña bolita del tamaño de una alubia, de un tejido más rugoso que el resto de la vagina y que cuando es estimulado, aumenta de tamaño.[103]

El Punto G podría ser el equivalente a una próstata femenina: cuando un embrión se forma, las estructuras que se desarrollan como órganos sexuales son las mismas en hombres y mujeres, sólo que en un caso se transforman en pene, testículos, próstata, etcétera y en el otro, en clítoris, ovarios, trompas de Falopio y... Punto G. Se habla de que el clítoris es el homólogo del pene en cuanto a los tejidos que lo forman y las reacciones y sensaciones que produce; que las trompas provienen de la misma estructura que los conductos deferentes, al igual que los ovarios y los testículos tienen el mismo origen; y que lo que en un hombre se transforma en próstata, en la mujer no se desarrolla y queda como esa pequeña alubia llamada Punto de Gräfenberg.

Este punto tiene varias peculiaridades. Puesto que se trata de la reminiscencia de algo parecido al tejido prostático, su estimulación produce en algunas mujeres la expulsión de un líquido a través de la uretra. El punto es difícil de localizar ya que se encuentra en la pared anterior (que en posturas convencionales no se estimula con facilidad) y entre los tejidos, no superpuesto a la pared. Para lograr una reacción se requiere un contacto más fuerte y sostenido que en un inicio. Debido a la cercanía con la uretra, da la sensación de tener deseos de orinar, que luego desaparecen traduciéndose en una ola intensa que recorre el cuerpo. Cada mujer puede experimentar sensaciones y reacciones distintas, al igual que el tamaño de la zona puede variar de una a otra.

Además de producir sensaciones placenteras durante el contacto sexual, el Punto G hace las veces de protección para la uretra, pues al llenarse de sangre y aumentar de tamaño funge como amortiguador y se ha visto que durante el parto, el Punto G y las terminaciones nerviosas de la vagina tienen un efecto analgésico, lo cual, desde un punto de vista evolutivo, es quizá su principal función[104].

No es posible afirmar con toda seguridad que todas las mujeres posean un Punto G, pero parece que por lo menos sí son la mayoría. Aun así, tenerlo o no, o ubicarlo o no, no significa que la mujer tenga una vida sexual más o menos satisfactoria. La intimidad y contacto que se logren con la pareja y la manera en la que se vivan los encuentros suelen ser mucho más importantes.

La próstata

En el caso de los hombres, también existe una zona oculta y no tan fácil de estimular, que es la próstata. Este "Punto G masculino"[105] está ubicado alrededor de la uretra, a la altura del cuello de la vejiga. El contacto con la próstata puede provocar sensaciones agradables muy intensas, distintas a las experimentadas por el contacto con el pene, los testículos o la penetración tanto desde el punto de vista fisiológico como del emocional. La próstata se puede estimular con el contacto en la zona del perineo (entre los testículos y el ano) o directamente a través del recto.

AFRODISIACOS

Efectos afrodisiacos: ¿es el producto o el contexto?

A lo largo de la historia siempre ha existido la preocupación por encontrar productos que tengan un efecto afrodisiaco, es decir, que aumenten el apetito sexual y mejoren el desempeño. Los afrodisiacos se asocian con la posibilidad de tener una erección más firme y duradera, sensaciones más placenteras y de mayor éxtasis y orgasmos superiores a los que podrían experimentarse sin el uso de la sustancia. En algunos lugares se considera que el cuerno de venado, el polvo de pene de león y el cuerno de rinoceronte tienen este tipo de efectos.

Además, hemos creado todo una serie de mitos y rituales para conquistar a la persona amada y retenerla, como sería limarse las uñas en el vaso de la bebida del hombre en cuestión y dársela a tomar —algunos aseguran que el resultado es magnífico—; o bien, si se ha perdido al enamorado o enamorada y se desea que regrese, es necesario meter su fotografía en el congelador. Algunas tradiciones provienen de la época prehispánica. Hacer que el hombre beba un poco de sangre menstrual para asegurar su amor y hacer que tenga un gran deseo sexual hacia la dueña del flujo, es una de ellas.[106] Esto era algo que, según los textos, practicaban los antiguos aztecas y aun ahora son consejos que circulan popularmente. Así también encontramos en algunos mercados "polvos atrayentes" y hierbas que aumentan el apetito sexual.

Pero, ¿cuál es en realidad el efecto de lo que comúnmente conocemos como afrodisiacos?

Quizá con mayor frecuencia que de los productos anteriores, escuchamos hablar de los efectos de los mariscos, tal vez de algunas bebidas alcohólicas y hasta drogas. Se habla de aceites, raíces y jarabes.

Aunque está poco probado que exista un efecto directo y verdadero de éstos sobre la respuesta sexual en sí misma, hay algo que sí puede ser muy cierto. La comida, por ejemplo, se considera un placer sensual pues involucra los sentidos, al igual que tomar una buena copa de vino y escuchar una música agradable; y en este caso, sobre todo, en el que se desea que tengan un efecto afrodisiaco, hay un factor extra: que seguramente todo el ambiente ha sido preparado con cierta intención. El placer culinario y la ambientación pueden ser relajantes y constituir un buen preámbulo. Y, viéndolo con mayor objetividad, los mariscos, por ejemplo, o el ginseng —raíz que posee notables cualidades tónicas—, son alimentos que contienen mucha energía, aunque no tiene que gastarse en ese tipo de actividades. No es necesario preocuparse por los efectos que podrían producir y no poderlos controlar, lo cual sería un tanto cuanto embarazoso.

Los aceites, por ejemplo, también pueden tener un doble efecto; el olor podría ser relajante o estimulante de la circulación. Además, se recomienda que lo aplique la pareja en todo el cuerpo mediante un masaje, por lo que parecería un plan premeditado. El efecto estaría más conectado con la aplicación que con el aceite mismo, aunque no por eso hay que menospreciarlo. Lo importante en ese caso es que funciona y se obtiene lo esperado.

Hablando de sustancias más sofisticadas, se ha intentado probar los efectos de la testosterona (hormona masculina) para incrementar el deseo sexual, ya que en hombres y en mujeres esta hormona (que está presente en ambos organismos) tiene un efecto estimulante. Estudios recientes[107] ha mostrado que el tratamiento con andrógenos podría llegar a ayudar a las mujeres a quienes se le extirparon los ovarios y, como consecuencia, han perdido el apetito sexual.

Existen otros productos, como el alcohol, que en pequeñas cantidades dan la impresión de tener un efecto afrodisiaco. Con un poco de alcohol algunas veces se pierden ciertas inhibiciones y quizá por eso se acepte y se viva con más libertad el deseo sexual. En cantidades mayores, las inhibiciones podrían perderse por completo, lo mismo que el control, por lo que es posible llegar a hacer cosas de las que después nos arrepintamos. Pero los efectos no son sólo sobre las restricciones personales, sino también sobre la respuesta sexual. Podría inhibir las reacciones sexuales del cuerpo y hacer imposible que se logre una erección.

Dime qué comes y te diré si puedes

Comer bien no significa con abundancia ni sofisticación sino hacerlo balanceadamente e incluir todos los nutrientes necesarios para gozar una buena salud. Y para tener una buena salud sexual necesitamos estar sanos.

Nuestra capacidad de responder y estar en forma sexualmente reside en lo que hayamos comido durante los últimos meses. Y bueno, cabe mencionar que el olor corporal y de las secreciones, como el sudor, puede ser atractivo para otras personas o, por el contrario, repulsivo. Y esos aromas también se relacionan con lo que ingerimos.

La respuesta sexual depende, desde el punto de vista fisiológico, principalmente de dos cosas: de los mensajes enviados por el cerebro a través de los neurotransmisores y su eficacia, y de la capacidad del cuerpo para responder a ellos.

Los neurotransmisores, como la acetilcolina, la norepinefrina y la dopamina, estimulan la aparición del deseo y la excitación sexual, que por un lado crean una sensación particular y por otro se manifiestan concretamente en ciertas partes del cuerpo haciendo posible un encuentro sexual. Así que si hay mensaje y el cuerpo no responde no nos serviría de mucho. Y lo mismo sucede si el cuerpo está en forma pero no se recibe el mensaje, ya que tampoco habría respuesta sexual. Las hormonas y, por supuesto, las glándulas que las producen, son otro punto clave en el funcionamiento de los órganos sexuales.

Y, ¿qué comer para mantener estos aspectos funcionando como debe ser? Para lograrlo sería importante incluir la vitamina B en nuestra dieta. Este tipo de nutrientes ayudan a estimular el sistema nervioso, incluidos los neurotransmisores, así como también al buen funcionamiento de las glándulas.

Pero no todo es vitamina B. Las A y C, por ejemplo, también inciden sobre las glándulas manteniendo una óptima producción de hormonas.

Gran parte de los neurotransmisores están compuestos por aminoácidos, por lo que comer proteínas —además de vitamina C y magnesio, que ayudan a su construcción— es esencial para conservar estas sustancias en buen estado. Aparte de estos componentes, es conveniente que incluyamos vitamina E, zinc, ácido fólico, selenio, en fin, todo lo que el cuerpo necesita para funcionar óptimamente pues ya dijimos que aunque el sistema nervioso esté bien, si el cuerpo no responde o no resiste, nos haría falta una parte importante de la respuesta sexual.[108]

Así que hacer ejercicio y tomar mucha agua también es recomendable.

¿Dónde puede encontrar todos esos nutrientes? No mencionaremos uno por uno, pero, si incluye en su dieta los siguientes alimentos, consumirá varios de estos componentes al mismo tiempo: chícharo, frijol, lenteja, yogur, leche, queso, granos y harinas integrales, betabel, plátano, zanahoria, aguacate, espinaca, tomate, aceite, atún, carnes, frutas y verduras... en fin, tiene con qué variarle a su dieta y mantener una buena salud sexual.

Las proteínas y el desempeño sexual

Investigadores de la Universidad de Massachusetts encontraron una relación entre el bajo consumo de proteínas y un descenso en la producción de testosterona.[109] Esto significa que los hombres que no comen carne o comen muy poca tienden —debido a la baja de testosterona— a atravesar mayores dificultades en el desempeño sexual, así como a perder masa muscular y densidad en los huesos. Por supuesto, las personas que se ven más afectadas son las vegetarianas, además de los ancianos, que, por no poder masticarla y por tener menos apetito, tienden a comerla cada vez menos.

Pero me atrevo a decir que todo es relativo, porque, así como ingerir pocas proteínas tiene efectos indeseables, comer carne en exceso —en especial carnes rojas— también tiene consecuencias negativas que a la larga acarrean problemas de circulación (entre otros) que impiden un buen funcionamiento sexual masculino; en particular, interfieren con la erección.

Si usted es de esas personas que no comen carne roja o lo hace muy de vez en cuando, tampoco significa que dentro de un rato vaya a estar flaco, escuálido y su desempeño sexual deje mucho que desear. Las proteínas no sólo están en la carne, aunque es cierto que en ella se encuentran en gran concentración; están en las legumbres, la soya, las nueces, los lácteos y, si no está peleado con la carne blanca, puede comer pollo o pescado de vez en cuando. Acuérdese del dicho: "El pescado es pura proteína". Sólo se trata de observar una alimentación balanceada.

Y si su caso es el contrario, pues ya sabe que el consumo de carne le ayuda a mantener sus niveles de testosterona, pero que si la come en exceso, también puede padecer otras molestias.

Conclusión: de todo un poco y de nada demasiado. Además, mantener una vida sexual sana y satisfactoria también repercute en la producción de hormonas, al igual que hacer ejercicio y mantenerse en forma. No es sólo una cosa la que influye en nuestra vida sexual, finalmente no estamos formados por partes aisladas sino que somos un todo que funciona como tal.

El deporte y la vida sexual

Hacer ejercicio es algo que nos ayuda a mantenernos sanos, a que todo nuestro cuerpo esté en forma y funcione de manera adecuada. Se activa la circulación, se oxigenan nuestras células, nos relaja y también nos ayuda a tener un buen estado de ánimo. En ese sentido, el ejercicio y la vida sana (comer bien, dormir suficiente y evitar los excesos) benefician a todas las funciones corporales, incluida la buena labor de nuestras glándulas. Sin embargo, el buen funcionamiento no significa que se produzcan más hormonas o más sustancias de las necesarias para el cuerpo. La producción de hormonas se autorregula por un sistema de glándulas y sustancias, que hacen que en el momento en que la hormona llega a un cierto nivel se suspenda su producción, manteniendo así las cantidades óptimas. Ni la baja en su producción ni el exceso de ésta son buenos. No obstante, a sabiendas de que los anabólicos (la testosterona es uno de ellos) contribuyen al aumento del volumen de la masa muscular, algunos atletas y físicoculturistas los consumen para mejorar su desempeño. Los esteroides anabólicos (hormonas artificiales) a veces son recetados por motivos médicos; sin embargo, cuando no son necesarios pueden tener efectos indeseables. Por un lado, los efectos de estas hormonas, como el crecimiento de los músculos, desaparecen en cuanto se dejan de consumir; y si se ingieren en dosis altas y por periodos prolongados, pueden provocar una disminución en el tamaño de los testículos, alteraciones en la producción de espermatozoides, crecimiento de las mamas (no desarrollo del músculo pectoral, sino del busto) y problemas de erección.[110] También pueden afectar el hígado y la próstata, y si son consumidas por mujeres podrían tener efectos de masculinización. Así que si uno quiere tener un cuerpo atlético y musculoso y mejorar su desempeño en el deporte, es mejor entrenar y hacer los ejercicios adecuados, que tomar pastillas o inyectarse.

Cuando uno hace ejercicio con frecuencia, desarrolla mejor condición física. Se estimula la buena circulación sanguínea y, por lo tanto, la irrigación a las diferentes partes del cuerpo. En el momento de la excitación sexual, la zona de la pelvis recibe un mayor flujo sanguíneo interviniendo en la erección del pene y del clítoris, entre otras cosas. Dependiendo del deporte que se realice, es posible que se adquiera una mayor elasticidad de los músculos, lo que permitiría a la persona variar sus posturas durante el coito sin que esto le cause dolor o molestias.

6. Respuesta sexual humana

Qué es la respuesta sexual humana

Quizá hemos oído hablar de este término más de una vez, aunque a veces, justamente porque no sabemos bien a bien lo que ocurre durante este proceso, llegamos a pensar que somos anormales, que nos falta algo, o que no estamos reaccionando como "debería" ser; y en realidad, cuando de personas se trata, los "deberías" son bastante inciertos. Expliquemos un poco entonces en qué consiste la respuesta sexual humana.

Antes que nada, para que "algo" pueda suceder, tiene que existir el *deseo sexual*; si no hay deseo, es difícil que se presenten otras reacciones. Este factor tiene que ver con una reacción fisiológica, que en hombres y mujeres está relacionada con los niveles adecuados de hormonas, en especial la testosterona (las mujeres también tenemos esta hormona masculina aunque en menor cantidad, pero esto no implica que por ello las necesidades sexuales sean menores), con la buena salud, la buena alimentación, la producción idónea de neurotransmisores, el estado de ánimo y el estrés. Una vez reunidos los requisitos anteriores, el deseo sexual aparece ante la presencia de un estímulo efectivo; es decir, hay situaciones, recuerdos, actividades o individuos en específico (porque por suerte no a todos nos gustan las mismas personas) que desencadenan una reacción sexual en el organismo.

Si hay deseo y un estímulo sexual, aparece la *excitación*. En el hombre estamos acostumbrados a reconocerla por la erección del pene, aunque eso no es todo lo que sucede; se contrae el escroto acercando los testículos al cuerpo, aumenta el ritmo cardiaco, el respiratorio, las glándulas de Cowper segregan un líquido que limpia la uretra, hay un aumento de la tensión muscular y mayor vasocongestión en la zona.

El caso de la mujer es una incógnita para muchas personas; en el hombre hay erección, pero en las mujeres pareciera no ser tan evidente. La primera reacción es la lubricación vaginal; además, los labios mayores se aplanan, se separan y cambian de color, hay erección de los pezones (en los hombres también) y del clítoris, la vagina se alarga y ensancha un poco y el útero tiende a moverse hacia una posición vertical. En ambos sexos aumenta el ritmo cardiaco y respiratorio y se presenta el "enrojecimiento sexual": rubor en algunas zonas del cuerpo, como la cara y el pecho, debido a la mayor acumulación de sangre.

Si la estimulación continúa, entonces se llega a la *meseta*, una fase situada entre la excitación y el orgasmo. Se caracteriza por intensificar las reacciones que describimos; este momento sería el más adecuado para el coito pues las respuestas de los órganos están en su máxima expresión y hay una mayor sensibilidad; si la mujer no está suficientemente excitada, la penetración podría ser dolorosa.

Después de la meseta vendría el *orgasmo*, al cual no es forzoso llegar siempre. Desde un punto de vista fisiológico, el orgasmo es una fase que dura más o menos entre tres y quince segundos. Es el momento en el que se libera la vasocongestión y la tensión muscular de una manera súbita y repentina. Esta liberación se acompaña de contracciones involuntarias de los músculos de la zona y el resto del cuerpo.

Se cree que el orgasmo es algo que "debe" sentirse siempre que se tiene una relación sexual o excitación, e incluso se afirma que no alcanzar este punto trae como consecuencia daños físicos para la persona. No es así. Si no hay orgasmo, no pasa nada, y si el juego sexual se interrumpe durante la etapa de excitación tampoco pasa nada. Es común escuchar a algunos hombres decir que si no tienen relaciones sexuales una vez que están muy excitados, van a sufrir fuertes dolores en los testículos por lo que "no se les puede dejar así". Es cierto que se pueden tener dolores en los testículos cuando no hay una descarga repentina de la tensión acumulada, cosa que en las mujeres también sucede: puede haber dolor en la espalda, en los senos y en el vientre. Esto se debe a que cuando la vasocongestión y la tensión se liberan de súbito durante el orgasmo, el regreso al estado de reposo es rápido pero, de no ser así, el proceso de *resolución* (que es la vuelta del organismo a su estado basal o de reposo) se lleva a cabo poco a poco causando, a veces, algunas molestias. Esto no es en realidad nada de qué preocuparse ni tampoco una razón para tener relaciones sexuales cuando no se desea.

Después de la resolución y que el cuerpo ha vuelto a su estado basal hay que esperar un momento, que varía con la edad —por lo general cuanto mayor se es, hay que esperar un poco más—, para que el organismo pueda responder de nuevo a la estimulación sexual. Ese lapso de espera se llama *periodo refractario*.[111]

Lo simpático del deseo

Todas las reacciones corporales son provocadas por impulsos nerviosos. El sistema nervioso autónomo —que regula la actividad visceral— se divide en sistema simpático y parasimpático. Estos dos últimos actúan como antagonistas: cuando el sistema simpático se estimula el parasimpático se inhibe, y viceversa, cuando el parasimpático está excitado el simpático está relajado. Cuanto mayor sea la excitación de uno de estos sistemas, mayor será la reacción del otro cuando termine esa excitación. Según Moshe Feldenkrais, autor de *El poder del Yo*[112], nada puede relajar y aliviar más al simpático que la actividad del parasimpático. Estos cambios en uno y otro sistema mantienen un equilibrio.

La pelvis, así como otras muchas zonas del cuerpo, recibe estímulos del sistema simpático y del parasimpático. Cuando un hombre tiene una erección, se activa el parasimpático y envía impulsos que hacen que las arterias se relajen y por lo tanto se dilaten, permitiendo la entrada de la sangre que ocasiona la erección. Cuando el pene vuelve a su estado de flacidez, se debe a que el sistema simpático interviene constriñendo las arterias y drenando la sangre acumulada.

La actividad de uno hace que el otro descanse, y no pueden activarse ambos al mismo tiempo. Para que un individuo sea susceptible a la atracción provocada por otra persona, es necesario que esté relajado y, por lo tanto, con el sistema parasimpático activo y el simpático en reposo.

Bajo esta misma tesis de que no se pueden estimular los dos sistemas a la vez, se ha visto que los animales luchan con sus contrincantes o tienen acciones violentas antes del acto sexual y, una vez relajados —o más bien agotados—, el deseo aflora. En los humanos, de manera similar, después de las guerras en las que los soldados han sufrido, pasado carencias y estados extremos, violan a las mujeres de los pueblos conquistados. Ahora bien, no se trata, evidentemente, de tener que alcanzar esos niveles extremos para aumentar el deseo sexual a grados superlativos y concluir con la violación en la que desde luego entran otros factores en juego. Sin embargo, sí se ha notado que cuando la gente realiza esfuerzos físicos o actividades que demandan mayor atención, su deseo sexual tiende a superar al de las personas con una actividad pasiva. ¿Será que tener un alto grado de actividad lleva al cansancio y, ya agotado, uno se relaja y entonces surge el deseo? Podría ser, pero el hecho de permanecer activo no garantiza esta reacción. Uno tiene que estar relajado y permitir que el sistema parasimpático entre en acción. Cuando no es así, por ejemplo, al estar bajo mucho estrés, preocupado o al intentar controlar las reacciones, el cuerpo no manifiesta el deseo de la misma manera ni se siente lo mismo que si uno en verdad se relaja y se permite sentir.

En la actividad sexual hay momentos en que se vive una gran excitación y después se experimentan satisfacción y descanso. Es como cuando uno hace ejercicio: por lo general, la sensación de relajación y bienestar es mayor cuando uno realmente se esfuerza, suda, se cansa y después llega a casa y se da un baño, que cuando apenas excede su actividad cotidiana. Hay una necesidad biológica de alternar la actividad, ya sea intelectual o física, con el descanso en todas las actividades que realizamos con el fin de lograr un equilibrio. Cuando se logra la relajación y aflora el deseo sexual, tiene cabida la excitación, la cual aumenta debido a la actividad del parasimpático. Y cuando éste se estimula con intensidad, entonces se alcanza el orgasmo.

El orgasmo, como hemos dicho, se manifiesta con una serie de contracciones involuntarias de los músculos de la pelvis, pudiendo extenderse al resto del cuerpo.

No obstante, en ocasiones uno interviene de manera voluntaria tratando de controlar las reacciones corporales, bien sea por temor a dejarse ir, a lo que pudiera suceder o debido a la ansiedad de tener que lograr el orgasmo forzosamente.

Entonces, uno tensa esos músculos impidiendo que actúen de manera refleja. Al hacer esto, suceden dos cosas: primero, que la sensación placentera que el orgasmo suele producir se ve limitada por la acción voluntaria. Uno quisiera que saliera mejor que nunca y al esforzarse y querer intervenir, en lugar de permitirse sentir, interfiere disminuyendo la sensación. Y segunda, al actuar de manera voluntaria, uno activa el sistema simpático y no permite lograr el equilibrio de los sistemas. El parasimpático no desarrolla su máxima actividad y el alivio no es tan intenso.

El hecho de compartir con la otra persona la ternura y la cercanía puede ser muy satisfactorio pero, desde el punto de vista fisiológico, cuando la liberación de la energía sexual no es plena, queda la necesidad de buscar el equilibrio. Cuando se logra un contacto real con la pareja, sentirse aceptado, quererse uno mismo y dejarse sentir, también es más fácil dejarse llevar por las reacciones y sensaciones del cuerpo durante el acto sexual, permitiendo que se restablezca la armonía necesaria en nuestro sistema nervioso. Hay que tener confianza en el cuerpo y dejarlo regularse sin meterle ruido activando voluntariamente ciertas reacciones nerviosas. Hay que darse la oportunidad de sentir y relajarse, para poder disfrutarlo a plenitud y permitir que se restablezca el equilibrio interno.

Disfrutar y tener relaciones sexuales plenas no es sólo una cuestión de búsqueda de placer sino una necesidad de equilibrio. Reprimirse también interfiere con la salud física.

Excitación y erección

Solemos pensar que excitación es igual a erección. Y sí, en efecto, la erección del pene es algo que ocurre en presencia de la excitación sexual. Sin embargo, hay otras situaciones en las que también hay erección sin necesidad de estar excitado; por ejemplo, mientras se está dormido, al tener muchas ganas de orinar o al someterse a cambios de temperatura. La erección no siempre denota excitación, ni la excitación sexual es igual a la erección, por lo menos en los primeros momentos de la respuesta sexual. Tampoco es la primera reacción automática a la excitación; no siempre es igual ni es infalible.

Cuando un hombre responde a un estímulo sexual —por ejemplo, visual—, la imagen se dirige al cerebro y es percibida como algo excitante; entonces el cerebro manda una señal a la zona genital, misma que comienza a responder. Lo primero que sucede es que las glándulas de Cowper o bulbouretrales (ubicadas a los lados de la uretra) empiezan a producir pequeñas gotitas de un líquido alcalino que sirve para lubricar y limpiar la uretra antes de que salga el semen a través de ella. Muchas veces se piensa que ese líquido —que puede llegar a contener espermatozoides y por lo tanto embarazar a una mujer— es expulsado cuando la erección ya es total y el estado de excitación es muy avanzado, pero no es así. Por eso se dice que cuando se utiliza condón como método de control natal, debe ponerse desde el principio del contacto entre los genitales de ambas personas. Entonces la primera reacción provocada por la excitación es la activación de estas glándulas (bulbouretrales o de Cowper) y no la erección misma.

Durante la pubertad y la adolescencia las erecciones pueden presentarse con gran facilidad como respuesta a un roce, una fantasía, una imagen visual. Alrededor de los veinte las erecciones también pueden suscitarse sin necesidad de que haya un contacto directo con el pene. Conforme la edad avanza, cada vez es más necesario un contacto físico con el miembro para que éste responda al estímulo y se vuelva rígido. Eso es completamente normal y son cambios propios de la edad, mas no significa que uno pierda la capacidad de sentir.

134

Lo que produce la erección es la apertura de ciertas válvulas que permiten la entrada de sangre al pene; por eso, cuando se fuma mucho o se abusa del alcohol, puede haber ciertas alteraciones en la irrigación sanguínea, lo cual dificulta la erección.

Sin importar el tamaño que tenga el pene cuando está flácido, en el momento de la erección casi todos llegan a medir más o menos lo mismo. Los más pequeños tienden a crecer más, mientras que los más grandes crecen menos, por lo que el tamaño en estado de reposo poco importa a la hora del encuentro sexual. Lo que sí varía, y tiene que ver con cuestiones genéticas y con la edad, es el ángulo de la erección. Según parece, y como dato curioso, cuanto más joven sea un hombre, el pene se levanta más que cuando es mayor y la edad en la que el pene llega a estar más cercano a la vertical, es alrededor de los treinta años.

Con todo lo que se oye hoy en día sobre la impotencia, o mejor dicho, disfunción eréctil, y de la cantidad de hombres que la padecen, cabe recordar que la gran mayoría experimenta dificultades para lograr una erección por lo menos una vez en su vida. Se puede deber al exceso en el consumo de alcohol, estrés, cansancio, el consumo de alguna sustancia (droga o medicamento), ansiedad. Pero no lograr una erección una vez no significa en absoluto que la persona sea impotente y necesite un tratamiento, mucho menos un fármaco. Puede ser algo totalmente pasajero y no volver a suceder en mucho tiempo, así que no es razón para angustiarse ni para sentir que se tiene un problema. No se incluya en la estadística por un incidente aislado.

Erótico o no erótico: las erecciones nocturnas

Una mujer se sorprende al darse cuenta de que su marido tiene erecciones mientras está dormido. Su primera sospecha es que está soñando algo erótico... está soñando con otras mujeres y si eso sucede, debe ser porque ella no lo satisface o no le parece lo suficientemente atractiva. A raíz de sus hipótesis y reflexiones, empieza a perder el interés sexual y se siente incómoda con su marido, lo que poco a poco la conduce a una serie de conflictos de pareja que se remiten al hecho de que él tiene erecciones mientras duerme.

¿Es normal que esto suceda? ¿Tiene razón la mujer al pensar que su marido ya no la encuentra atractiva?

La erección del pene es un acto reflejo que no siempre se puede controlar, ni siquiera estando despierto. Un reflejo sería quitar la mano de algo que nos está quemando o levantar la pierna cuando nos golpean con un martillito en la rodilla. Al estimular una terminación nerviosa se provoca una reacción y muchos de los estímulos que logran eso son táctiles. Pero en el caso de la respuesta sexual intervienen otros factores, como los psicológicos y los estímulos generados por recuerdos, olores, imágenes, fantasías, etcétera. La erección requiere una combinación de reacciones del sistema nervioso y del circulatorio, los músculos y otros, que no siempre están directamente asociadas con un estímulo erótico. De hecho, se puede producir una erección cuando hay cambios bruscos de temperatura. Un ejemplo de su carácter involuntario es que una persona con la columna vertebral seccionada, pero cuyos centros de la eyaculación no están dañados, puede llegar a tener orgasmos durante el sueño, debidos, tal vez, al roce de la cama o algún otro tipo de estímulo. Y como dato curioso, algunos animales también experimentan erecciones mientras duermen.

Durante el sueño las ondas cerebrales cambian y hay momentos en los que la actividad fisiológica es muy intensa; así, es posible que la excitación del sistema nervioso, entre otros factores, produzca ese tipo de reacciones. Esto no sólo les sucede a los hombres. Se ha visto que durante el sueño las mujeres también tienen reacciones similares a las de la excitación, como la lubricación vaginal y la vasocongestión de la zona pélvica.

Las erecciones no sólo se dan en medio de la noche cuando se está profundamente dormido. Hay hombres que con bastante frecuencia se despiertan con una erección, lo que probablemente está asociado con que la testosterona está en sus niveles más altos durante las primeras horas de la mañana. Por lo regular, la erección tiende a desaparecer después de orinar, pero no siempre es así; a veces toma un poco más de tiempo que el pene vuelva a su estado de reposo, lo que podría resultar un poco incómodo para algunos. Sin embargo, este fenómeno no es signo de que exista algún problema fisiológico o emocional, ni de que se tenga una vida sexual poco satisfactoria; por el contrario, es signo de buena salud. De hecho, los hombres que padecen ciertas enfermedades o sufren mucho estrés, experimentan menos erecciones nocturnas que aquellos con más vitalidad.

Las manifestaciones sexuales durante el sueño no siempre se deben a alguna imagen o situación erótica; pueden ser, sin ir más allá, una simple reacción refleja.

¡A ver quién llega más lejos!

Durante la pubertad los varones acostumbran hacer concursos sobre quién orina más lejos, quién escupe más lejos y con más fuerza e incluso llegan a comparar quién eyacula más lejos. Pareciera que estas pruebas denotaran la virilidad o cierta superioridad sobre los otros, cuando en realidad ni es más hombre el que llega más lejos ni menos quien alcanza distancias más cortas.

La eyaculación es la expulsión del semen a través de la uretra y ocurre como resultado de una gran excitación sexual. Es un reflejo espinal provocado por los mismos nervios que intervienen en la erección. Cuando la excitación llega a un grado muy alto, la médula espinal manda estímulos motores a los músculos de la zona, haciendo que éstos se contraigan y expulsen el semen. Ese procedimiento es el mismo para todos los hombres; sin embargo, existe cierto tipo de diferencias en la manera y el momento en que se produce la eyaculación.

En algunos hombres, el lapso entre el inicio de la estimulación sexual y la eyaculación puede ser muy corto. ¿Cuán corto? Más o menos diez segundos: hay hombres que en ese pequeño lapso experimentan todas las fases de la respuesta sexual, llegando a la eyaculación. En cambio, para muchos otros, el tiempo que transcurre entre el principio del contacto y la eyaculación puede ser mucho más prolongado, sobre todo si en el juego sexual se intercalan caricias a otras partes del cuerpo y aumenta y disminuye la intensidad de los estímulos. Hasta cierto punto, se puede aprender a controlar el reflejo. Lo importante aquí es que ambos miembros de la pareja disfruten del encuentro y, así como un encuentro corto puede ser muy satisfactorio, uno demasiado largo puede llegar a ser molesto.

Además de la diferencia de tiempos, la fuerza y la presión con que sale el semen también varían de un hombre a otro. Hay quienes pueden lanzarlo hasta un metro de distancia; para otros la eyaculación es una salida suave del semen por la uretra, como si se escurriera a través de ella. Obviamente, hay algunos que se encuentran entre estos dos puntos.

La diferencia puede deberse a cuestiones genéticas. También es posible que con la edad la eyaculación pierda fuerza y salga con menos presión. Otras razones pueden ser el estado de salud, el grado de estimulación y el estado de la próstata. Ni la cantidad de semen eyaculado ni la presión con la que sale son por ley directamente proporcionales al placer que se siente; son dos elementos independientes. Si un hombre puede tener un orgasmo intenso sin eyacular, no hay razón para que el hecho de que el semen salga con menos presión disminuya la sensación.

Como dijimos, hay diferencias de un hombre a otro y de un coito a otro. Si un hombre eyacula varias veces en pocas horas, las eyaculaciones subsecuentes serán menos densas y cuantiosas que las anteriores; y si lleva varios días de abstinencia, es probable que el semen salga con más fuerza y en mayor cantidad. Las diferencias pueden ser tantas que hasta es posible que un hombre llegue a eyacular sin tener una erección. Entonces, eso de competir para ver quién es más hombre según sus respuestas y habilidades físicas, es poco veraz y no tiene nada que ver con las capacidades reproductivas, ni con su destreza para sentir y proporcionar placer.

EL ORGASMO

En los hombres, por lo general tendemos a relacionar el orgasmo con la eyaculación, pero en realidad no son lo mismo. Sí suelen ocurrir casi al mismo tiempo, pero también puede haber eyaculación sin la misma sensación de intensidad del orgasmo y orgasmos sin necesidad de eyacular. Fisiológicamente, lo que caracteriza al orgasmo en el hombre es una serie de contracciones involuntarias tanto de músculos como de las estructuras internas. Como el orgasmo se presenta casi siempre de manera simultánea a la eyaculación, se habla de dos fases. La primera es la sensación de inevitabilidad eyaculatoria, que es cuando el semen se aproxima a la próstata mediante contracciones de los conductos deferentes, las vesículas seminales y la próstata. En ese momento el hombre siente que ya es imposible detener la eyaculación. En la segunda fase, es decir, la eyaculación, se contraen la uretra y los músculos de la base del pene. Estas contracciones, el paso del líquido y las sensaciones subjetivas son las que provocan la percepción placentera del orgasmo.[113]

En la mujer es distinto; en primer lugar, porque en el caso del hombre el orgasmo tiene una función reproductiva (la emisión del semen) y en ella esa función no es tan notoria. No obstante, se ha visto que las contracciones ocasionadas por el orgasmo facilitan el traslado de los espermatozoides hacia las trompas de Falopio y el descenso del óvulo.

Se dice que el orgasmo femenino tiene una carga muy importante de factores subjetivos y que el hecho de que se haya visto como algo prohibido o indecente durante tanto tiempo tiene todavía repercusiones en muchas mujeres, a quienes les cuesta trabajo permitirse sentir placer sexual. Esto, además, no se ve muy favorecido por la idea que prevalece de que ellas tienen menos deseos sexuales y menor necesidad de llegar al orgasmo.

Pero, desde una perspectiva fisiológica, al igual que en el hombre, hay un patrón estándar de reacciones orgásmicas que pueden llegar a experimentarse sin la apreciación subjetiva del placer.

En la mujer se habla de varios tipos de orgasmo: el clitorideo, es decir, el que se logra mediante la estimulación del clítoris; el vaginal, al cual se llega a través de la penetración; y el orgasmo G. Sin embargo, no se han encontrado diferencias sustanciales entre las reacciones que provocan los dos primeros, por lo que algunos teóricos optaron por reunirlos en uno solo, llamado orgasmo vulvar (de la vulva, la zona externa de la vagina).[114] En el orgasmo vulvar primero hay una fase de detenimiento donde se rigidizan los músculos, seguida por una sensación que en un inicio se concentra en el clítoris y después se difunde por la pelvis y el resto del cuerpo; ocurren una serie de contracciones involuntarias de los músculos pubococcígeos y en ocasiones de las piernas, y cuando es total se involucra todo el cuerpo (esto último se aplica a hombres y a mujeres por igual).

Se habla de otro tipo de reacción centrada en el útero, la cual sólo se logra mediante la penetración vaginal y, a diferencia de lo que sucede en el orgasmo vulvar, no implica necesariamente contracciones en la zona de la vulva; es más bien una sensación muy intensa como de calor y presión que se expande por el cuerpo, seguida de relajación y saciedad.

En el caso del orgasmo "G", la sensación es más intensa y a veces se compara con tener muchas ganas de orinar; de hecho, la mujer puede incluso pensar que eso es lo que le está sucediendo. En algunos casos es posible que llegue a salir un líquido blanquecino de manera involuntaria, lo cual se llama eyaculación femenina y que obviamente no contiene espermatozoides.

En cualquiera de los casos, los factores psicológico y afectivo juegan un papel fundamental. Que la mujer tenga (y el hombre también) confianza, seguridad y que se sienta bien al experimentar placer, son factores que impulsan sus relaciones hacia una verdadera satisfacción y plenitud. Y, por otro lado, saber que sus sensaciones no son anormales le permite gozarlas sin temor.

Las mujeres "eyaculan"

Decir que las mujeres eyaculan suena un tanto extraño pues, hasta donde sabemos, la eyaculación es emitida por los hombres. No obstante, se ha visto que, al llegar al orgasmo, algunas mujeres expulsan cierta cantidad de líquido a través del orificio de la uretra.

Muchas personas piensan que la razón es que la mujer es incontinente y al tener las contracciones propias del orgasmo no puede controlar la salida de la orina y se le escapa un poco. Muchas mujeres así lo creen, y por la vergüenza e incomodidad que esto les produce, prefieren controlar sus sensaciones evitando llegar al clímax. Pero ahora sabemos que no se trata de eso.

Según investigaciones realizadas por la doctora Beverly Whipple, el doctor Francisco Cabello y otros especialistas[115], se ha visto que un gran número de mujeres "eyaculan". El término no es el del todo correcto, pues, como mencionamos, la eyaculación contiene espermatozoides y las mujeres no producen estas células. Se le ha llamado así por tratarse de un líquido que se expulsa en el momento del orgasmo y por tener algunas características similares al semen.

El líquido sale por la uretra pero no es orina. Al parecer, es producido por las glándulas uretrales y parauretrales (glándulas que rodean la uretra) que en conjunto han sido denominadas próstata femenina.

Para asegurarse de que no se trata de orina, se analizó el líquido expulsado y se advirtió que su composición es distinta y que contiene sustancias parecidas a las producidas por la próstata del varón. Pero eso no es todo: pareciera que en realidad la gran mayoría de las mujeres eyacula, aunque el líquido no sea visible. Algunas veces se expulsa una cantidad de líquido considerable, que puede variar entre quince y treinta mililitros, pero otras veces sólo salen unas gotitas casi imperceptibles, o ni siquiera eso. En los casos en que no sale nada, se cree que, al ser muy poca la cantidad, se queda dentro de la uretra sin llegar al exterior. Lo que es un hecho es que ese líquido se produce y es posible encontrarlo al analizar la orina expulsada después de la experiencia sexual. Esa orina arrastraría las gotitas hacia afuera y por eso es posible detectar los productos propios de la próstata femenina en ella.

Aunque esto suena novedoso, no lo es. Desde la época de Hipócrates ya se había detectado este tipo de emisiones en las mujeres y se le llamaba "semen femenino". Pero, al no tener espermatozoides y, al parecer, ninguna función específica, cayó en el olvido. A finales del siglo XVII se hablaba de próstata femenina, pero tampoco se hicieron más estudios. A mediados de este siglo, y más aún en los últimos años, fue que se empezó a ahondar en el estudio de la eyaculación femenina.

Es curioso; cuando se empieza a hablar con mayor seriedad de ciertas situaciones, las personas tienden a reconocerlas con mayor facilidad en ellas mismas. Y bueno, se entiende, es como legitimar su existencia, lo que hace que dejen de sentirse raras y pensar que lo que tienen es un problema vergonzoso. Como esto, hay muchos otros aspectos que a veces llevan a la gente a decirse: "Y yo que pensé que sólo a mí me pasaba".

La multiorgasmia

Durante siglos se omitió la existencia del orgasmo femenino y no se le confería mayor interés al asunto. ¿Para qué habrían de sentir algo las mujeres, si de cualquier modo se embarazan? De hecho, era muy mal visto que una mujer disfrutase del acto sexual. En el caso del hombre sonaba más justificable, ya que para procrear es necesario eyacular (por lo menos si se hace al estilo tradicional), y para eyacular es necesario sentir, excitarse. Pero lo que no se había tomado en cuenta —por lo menos en Occidente— es que para sentir, no es necesario eyacular.

Después de negar la posibilidad de placer sexual femenino durante años, en la segunda mitad de nuestro siglo se reconoce y se acepta que las mujeres tienen un potencial multiorgásmico normal y que, si bien no todas lo experimentan, su presencia no implica un funcionamiento inapropiado ni una anomalía. Lo curioso es que a partir de que esta posibilidad es aceptada, el número de mujeres que experimentan orgasmos múltiples ha aumentado. Pareciera que al saber que existen, uno se sensibilizara a ellos y se permitiera sentirlos.

La multiorgasmia se refiere a la posibilidad de llegar varias veces al clímax en un mismo ciclo de respuesta sexual. Es decir, que después del orgasmo no se pierde la excitación sino que, por el contrario, ésta sigue siendo elevada, permitiendo a la persona volver a experimentar otro sin necesidad de empezar desde el principio. Se permanece en la meseta sin volver al estado basal, a partir del cual sí habría que reiniciar todo el ciclo para llegar a un nuevo orgasmo.

Pero no sólo las mujeres tienen esa capacidad. Los hombres también pueden ser multiorgásmicos, aprender a controlar la eyaculación y disfrutar más; además, hacerlo puede representar un beneficio para su salud.

Una vez que un hombre eyacula, pierde la erección y vuelve al estado de reposo. Cuando es multiorgásmico, aprende a aplazar y controlar la eyaculación, pudiendo experimentar intensas sensaciones antes de que esto ocurra. Y si la multiorgasmia masculina siguiera el mismo patrón que ha seguido con las mujeres, es muy probable que, cuanto más se sepa sobre esto y se acepte como un potencial masculino, con seguridad cada día habrá más hombres que lo puedan experimentar.

En culturas orientales, como el tantrismo y el taoísmo, se busca lograr el control sobre la eyaculación y evitarla en un gran número de encuentros sexuales. Ellos sostienen que en el líquido seminal está contenida una fuente de vida y, que al retenerla, esta energía vital circula por el organismo trayendo beneficios para la salud, ayudando incluso a rejuvenecer.[116]

Con un poco de práctica, control y ejercicios se puede lograr controlar la emisión de semen pero, como es evidente, antes es necesario entender y mantener en mente que la eyaculación y el orgasmo son dos cosas distintas; además, estar dispuestos a disfrutar todas las sensaciones producidas durante el acto sexual, sin tener como único objetivo llegar a la eyaculación. Parece fácil, pero después de tantos años de creer lo contrario, a veces no es sencillo cambiar de opinión de la noche a la mañana; aunque el simple hecho de asimilar esto ya es ganancia.

Según los autores del libro *El hombre multiorgásmico*[117], Mantak Chia y Douglas Abrams Arava, hay una diferencia esencial entre el orgasmo y la eyaculación: el primero es una experiencia cumbre tanto en lo físico como en lo emocional, y la emisión de semen, por el contrario, es un acto reflejo que ocurre a nivel de la base de la columna. Con la práctica es posible aprender a deslindar estos dos acontecimientos sintiendo el clímax sin activar el reflejo eyaculatorio.

Uno de los problemas sexuales que presentan los hombres es la eyaculación precoz, que es cuando se expulsa el semen demasiado rápido no dando tiempo a la pareja, ni a sí mismo, de disfrutar el encuentro. Los tratamientos asociados con este padecimiento tienen por objeto lograr el control del reflejo y retrasar su aparición; sólo que para ello, es común que se recomiende distraer la mente pensando en otras cosas, desconectándose de las sensaciones del cuerpo. Cuando se busca ser multiorgásmico, también hay que aprender a controlar este reflejo con mayor precisión, pero en lugar de distraerse, es preciso concentrarse lo más posible en lo que se siente aumentando y disminuyendo levemente el nivel de excitación.

Hemos dicho que cuando un hombre se excita sexualmente experimenta una erección, pero no mencionamos que ésta tiene diferentes grados o estadios. Los cambios a veces suceden tan rápido y tan seguidos unos de otros que es muy difícil percatarse de su evolución. En la primera etapa el pene se alarga, luego se dilata, después adquiere "dureza" y llega a la cuarta etapa llamada de "calor", debido a que su temperatura aumenta en forma considerable. En esta última etapa la eyaculación se muestra casi inminente, por lo que si se desea controlarla por más tiempo, es preferible permanecer en el tercer estadio; y para lograrlo, se requiere percibir el momento en el que uno se acerca a esa etapa. En consecuencia[118], los expertos opinan que el verdadero control aparece cuando uno está consciente del propio ritmo de excitación y no cuando lo ignora.

Los orgasmos previos a la eyaculación, o en ausencia de ella, están físicamente relacionados con las contracciones de las glándulas sexuales, mas no con la emisión del semen. Justo cuando se experimentan las contracciones llega el momento de actuar: o se continúa hacia la eyaculación, o se controla, permitiendo volver a sentir otro orgasmo, una y otra vez, sin perder la erección. Quizá las primeras veces que se practique esta técnica, la sensación no sea tan intensa como la provocada por la emisión del semen, pero con ejercicio es posible incrementarla hasta hacerla superior y más placentera. Hay quien logra experimentar orgasmos múltiples en muy poco tiempo, pero en general toma entre tres y seis meses dominar la técnica. Eso sí, si al principio cuesta trabajo, no hay que desilusionarse ni darse por vencido, ya que es muy probable que la siguiente vez se noten los avances.

A continuación mencionaré algunos de los ejercicios que recomiendan los autores de *El hombre multiorgásmico*. Para empezar, es necesario orinar antes de tener cualquier contacto sexual. ¿Por qué? Pues porque la vejiga y la próstata se encuentran una al lado de la otra, y al estar llena la vejiga presiona a la próstata haciendo más difícil el control de la eyaculación. Una vez hecho esto, podemos pasar a otras cosas.

Un buen método para controlar la emisión del semen y poder tener orgasmos antes de que esto suceda, consiste en relajarse respirando profundo y detener el movimiento del cuerpo. Funciona porque es una manera de controlar el avance de la excitación haciendo posible eludir la inminencia de la eyaculación. Pero respirar profundamente y concentrarse en ello tiene su dificultad y necesita de práctica constante. Hay que respirar no sólo con el pecho y los hombros, sino con el vientre; se expande el abdomen al inspirar y se contrae al expirar (sin exagerar); así el aire entra hasta el fondo de los pulmones, como debe ser. Practicar esto varias veces al día concentrándose en el proceso, sin pensar en otras cosas, es un buen ejercicio y, cuando sea necesario ponerlo en práctica para eludir la eyaculación, será mucho más sencillo.

Con la excitación sexual el escroto se contrae acercando los testículos al cuerpo; cuando esto sucede, el camino de los espermatozoides hacia afuera se acorta. Para contrarrestar este efecto, se recomienda dar un pequeño tirón al escroto hacia abajo (con delicadeza, obviamente), para ayudar a retrasar la eyaculación. Otra técnica consiste en presionar el pene tomándolo de la parte superior, es decir, la más cercana al glande, y poner el pulgar en la punta. O bien, se puede presionar la base del pene, la pegada al pubis, o tomar el cuerpo del pene con toda la mano, haciendo presión. Éste es uno de los ejercicios que se recomiendan a las personas con eyaculación precoz, y en este caso particular ayuda a que la emisión se posponga.

Y ya que hablamos de presiones, existe un punto en el perineo, justo delante del ano, que si es presionado precisamente antes de eyacular, ayuda a controlar el reflejo de expulsión. Para encontrar ese punto se requiere estimularlo cuando ya hay una excitación sexual, pues los genitales masculinos se excitan de adelante hacia atrás, es decir, empezando por el pene hacia los demás, por lo que dicha zona es menos sensible cuando no hay excitación sexual que cuando ésta se presenta.

Existe un músculo llamado pubococcígeo, que va justo del pubis al coxis y que se contrae de manera involuntaria (tanto en hombres como en mujeres) en el momento del orgasmo. Ejercitar y fortalecer este músculo puede ser importante; aumenta la capacidad orgásmica, el control de la emisión del semen, y también, cabe mencionarlo, el control de esfínteres.

Además de controlar la emisión de semen y disfrutar de múltiples orgasmos, hombres y mujeres pueden aprender a incrementar la sensación del momento. Esto se logra intensificando las reacciones propias de la respuesta sexual, como son la respiración acelerada y la contracción de los músculos, con la mente siempre puesta en el evento y no en otras preocupaciones. De lo que se trata es de exagerar voluntariamente la reacción. Al hacerlo, conforme se siente que el orgasmo se acerca, se logrará con mayor facilidad, por un lado alcanzarlo, y por el otro, que la sensación sea más intensa.

Hacer todo al mismo tiempo: respirar más rápido y profundo, contraer los músculos de uno y otro lado y además estar en lo que se está, suena bastante difícil y de hecho puede serlo. Por eso, habría que concentrarse cada vez en una etapa distinta para que con el tiempo todas las reacciones ocurran de manera espontánea. Es algo así como una especie de entrenamiento para mantenerse en forma y ayudar al cuerpo.

Frenar para luego intensificar

Lejos de buscar el orgasmo de inmediato, puede dar mejores resultados permanecer más tiempo en la fase de excitación y hacerla más larga e intensa. Es cierto que el hombre se excita más rápido y que una vez teniendo una erección está listo para una relación sexual, pudiendo llegar a la eyaculación en poco tiempo sin mayores dificultades (por supuesto, existen excepciones); y también es cierto que una mujer por lo general necesita un poco más de tiempo y estimulación, para poder llegar al orgasmo.

Podríamos decir que existe una tendencia a dejar atrás la idea de que para que una mujer se excite basta con un par de caricias en zonas muy localizadas y más bien hay una inclinación hacia conceder mayor importancia al juego sexual previo y posterior a la penetración, así como a aceptar que las zonas erógenas se pueden encontrar en cualquier parte del cuerpo, en particular la piel.

Para hombres y mujeres, extender el juego sexual y aumentar la excitación sin llevarla hasta el orgasmo, puede producir sensaciones mucho más intensas y hacer del encuentro sexual algo más que una simple penetración de unos cuantos minutos.

Tanto para los problemas de anorgasmia como para los de eyaculación precoz, o cuando se busca lograr orgasmos múltiples, se recomienda extender la estimulación a diferentes partes del cuerpo y no centrarse sólo en los genitales; sería algo así como poner las cosas a fuego lento en lugar de encender la flama a todo lo que da desde el principio. Se trata de crear un poco de expectativa y de aumentar y disminuir el estímulo y, por consiguiente, la respuesta. Claro, esto debe hacerse en pareja y puede ser el(la) compañero(a) quien juegue aumentando y disminuyendo el contacto o llevándolo de un lugar a otro, pero también es posible que sea la persona misma la que esté pendiente de sus sensaciones y busque acentuarlas o frenarlas. Conforme un hombre o mujer siente que el orgasmo se aproxima, puede evitar o disminuir el tipo de contacto que está produciendo la reacción, o respirar profundamente en lugar de aumentar el ritmo de las inspiraciones, manteniendo, aun así, un alto grado de excitación. Y, de hecho, de eso se trata, de mantener un alto grado de excitación por más tiempo.

Ahora bien, ¿cuál es el objetivo de detener el aumento de la excitación, cuando justamente se supone que lo que se está buscando es lo contrario (sobre todo cuando acabamos de hablar de cómo intensificar la respuesta sexual)? La idea es que al jugar aumentando y deteniendo la excitación se incrementan los niveles de endorfinas y se provoca una sensación de satisfacción más intensa.

La cuestión, entonces, sería buscar prolongar la excitación sexual y al llegar determinado momento, exagerarla provocando el orgasmo con mayor fuerza. Además, darle igual importancia al juego sexual previo, al momento mismo y al contacto posterior a la penetración. Mayor intimidad, comunicación y cercanía con la pareja pueden traducirse en mayor satisfacción.

El músculo pubococcígeo

El músculo pubococcígeo es en realidad un conjunto de músculos que se encuentra entre el pubis y el coxis. Está relacionado con las reacciones de los genitales y con algunas de las contracciones que se producen en dicha zona durante las distintas etapas de la respuesta sexual humana, en especial durante el orgasmo, pero también tiene que ver con el control de esfínteres y la salud de algunos órganos cercanos.

Como todo músculo, el pubococcígeo debe ejercitarse para poder mantenerlo en forma y, en este caso, para poder desarrollar la capacidad de ser multiorgásmico y de que esta sensación sea más intensa; esto se aplica tanto a hombres como a mujeres.

Si deseamos fortalecer este músculo es necesario identificar con claridad dónde se encuentra para poderlo mover. Sencillo. Es el tejido con el que hacemos presión cuando queremos resistir las ganas de orinar, y una buena manera de ubicarlo es retener el flujo de orina y soltarlo repetidas veces; en ese momento estará accionando conscientemente ese músculo y lo estará ejercitando. Cuando el músculo es fuerte uno debería ser capaz de interrumpir por completo el flujo de orina y reanudarlo varias veces; si esto no sucede, implica que hay que ejercitarlo más.

Variar la fuerza y la presión del flujo también ayuda a mantener en forma los órganos involucrados en la micción.

148

En Oriente se considera que tenemos puntos reflejos de todos nuestros órganos en diferentes partes del cuerpo, incluyendo el contorno del pene y el interior de la vagina.[119] Esto hace, que al masajear una mano, por ejemplo, podemos estar al mismo tiempo estimulando los pulmones o el corazón; y también al estimular el pene o la vagina, existe un efecto reflejo en otros órganos internos. Por consiguiente, cuando tensamos una zona o nos lastimamos alguna extremidad también podemos sentir que otras funciones se resienten. En este caso en especial, se dice que los músculos de la cara están conectados con el pubococcígeo.

Por un lado, unir el ejercicio de ambas zonas puede facilitar la tarea; es decir, al mismo tiempo que se contraen voluntariamente los músculos coccígeos se contraen los músculos de los ojos y la boca; esto facilita tensar el músculo que rodea los genitales. Repetir esta acción varias veces seguidas ayuda a mantener un buen tono y realizar varias series al día, contrayendo únicamente el músculo interesado es algo que se puede hacer mientras se maneja, se lee, se ve la televisión, y nadie se dará cuenta. Cuando el ejercicio es exagerado, como sucede con cualquier otra parte del cuerpo, puede quedar un poco adolorido, por lo que más vale ser constante que exagerar en la cantidad de ejercicio.

Volviendo a la cuestión de la relación entre los músculos y los efectos reflejos, la falta de ejercicio de esta zona, el exceso de tensión o un mal funcionamiento también pueden repercutir en otras áreas, como problemas de garganta, bucales u otros. Hay que mantener sanas todas las partes del cuerpo, no sólo algunas. Y, bueno, de la misma manera, mantener en forma el músculo pubococcígeo tiene efectos positivos en el estado de la próstata. Al contraer el músculo se presiona la próstata y esto ayuda a evitar que la glándula aumente de tamaño y se endurezca. Lo mismo sucede con la respiración abdominal: no sólo tiene efectos en el control de la excitación y la eyaculación, sino que al respirar profundamente se renueva todo el aire de los pulmones permitiendo que la sangre se pueda oxigenar mejor, acción que repercute en todos los órganos, eleva los niveles de oxígeno del cerebro y ayuda a relajarse y a soltar la tensión, la angustia y la ansiedad.

Respirar es algo que todos hacemos sin pensar, de manera involuntaria y muchas veces sin siquiera darnos cuenta. Sin embargo, estamos perfectamente conscientes de que si no respiramos nos morimos. Al respirar metemos oxígeno a nuestros pulmones, el cual es transportado por la sangre a todo nuestro organismo. Respirar es necesario para llevar a cabo todas las funciones vitales y mantener vivas nuestras células. Pero, además, la respiración se relaciona con las emociones. Por ejemplo, cuando nos ponemos nerviosos, respiramos más rápido; cuando estamos angustiados, sentimos una especie de sensación de ahogo; y cuando estamos relajados, nuestra respiración es más rítmica y armónica. Así también, cuando hay excitación sexual, el ritmo de la respiración aumenta.

Una emoción altera el ritmo de la respiración, pero este mecanismo también funciona a la inversa. Si la respiración se altera puede modificarse el estado emotivo. De hecho, cuando uno está muy acelerado y tenso, respirar profundamente ayuda a relajarse. Si siente un dolor muy fuerte, que además le causa temor —como los tratamientos del dentista o el dolor producido al zafarse un hueso—, al respirar profundo y relajarse, el dolor y la tensión pueden disminuir. Cuando queremos controlar una emoción que nos parece indeseable, como la ira, por ejemplo, tendemos a contraer ciertos músculos y restringir nuestra respiración. Así evitamos sentir con intensidad y logramos reprimirnos.[120] Desde chicos hemos ido aprendiendo a controlarnos, a controlar nuestras expresiones y emociones, positivas y negativas. Nos creamos un modelo de lo que podemos hacer y de cómo podemos actuar. Nos vamos imponiendo límites nosotros mismos, que hacen que respondamos más a ese modelo que a lo que en realidad sentimos. En el ámbito sexual, nos percatamos de que también tendemos a controlar nuestras emociones y sensaciones, a restringir nuestros movimientos y a controlarnos. Esto, al igual que en el caso de las emociones indeseables, hace que se atenúen nuestras sensaciones, incluyendo la excitación sexual y el orgasmo. Para empezar, uno necesita permitirse sentir placer, para percibirlo de verdad. Considerarlo como algo adecuado para nosotros y que tenemos derecho a experimentar. De lo contrario, uno se bloquea de entrada. De hecho, una de las razones por las que a muchas mujeres les cuesta trabajo sentir placer durante la relación sexual, es ésa: que no lo viven como algo adecuado para ellas. Desinhibirse, como es obvio, no se consigue de la noche a la mañana, pero sí se puede trabajar en ello y lograr grandes cambios. La otra parte importante es aprender a respirar y dejar que el cuerpo fluya y se mueva según sus sensaciones, sin imponer mayores restricciones. Todo intento de control en la respuesta sexual humana puede interferir con la intensidad de las sensaciones. Por ejemplo, intentar evitar la aceleración de la respiración, o controlar ciertos sonidos o movimientos involuntarios propios de las diferentes fases de la respuesta sexual, aminoraría la sensación producida por el estímulo. Interferimos con el reflejo del orgasmo impidiéndole alcanzar su totalidad y su expansión a todo el cuerpo. Recuerde que todos somos diferentes y reaccionamos de maneras distintas, así que no hay parámetro con el cual compararse, ni que haya que cumplir. La cuestión es dejarse sentir y disfrutarlo. Ya que si uno se permite ser en ese momento y acentuar las sensaciones placenteras, es probable que se goce más.

¿Cómo hay que respirar?

Hay personas que respiran solamente con el pecho, sin dejar que el aire llegue hasta el vientre. Otras constriñen los músculos del pecho teniendo respiraciones muy cortas o poco profundas. Lo ideal es que podamos respirar tanto con el pecho como con el vientre y que permitamos que el aire llegue hasta la pelvis. Es decir, que respiremos con todas las entrañas.[121] Para darse cuenta de cómo está respirando, puede hacer ciertos ejercicios. Primero que nada, se trata de tomar conciencia de la propia respiración. Si se acuesta sobre una superficie plana e intenta relajarse le será más fácil percibirlo. Ponga una mano sobre su pecho y la otra sobre el vientre: ¿qué se mueve primero? O, ¿qué se mueve y qué no? Por lo regular, al inhalar el pecho y el abdomen se elevan porque se llenan de aire y luego, en forma automática, se relajan dejándolo salir. Esto debe suceder de manera natural; si en un principio no es posible, puede lograrse con la práctica. Se trata de que el aire fluya libremente hasta la pelvis relajando todos los músculos y diluyendo los bloqueos.

En el momento del acto sexual, la respiración suele acelerarse y es importante dejar que esto suceda sin tratar de controlarla, sólo buscando que sea completa y profunda, lo cual quiere decir que involucre hasta la base de la pelvis. De esta manera se permite que la energía fluya y afloren las sensaciones. Durante el acto sexual se dan movimientos de la pelvis de adelante hacia atrás y, según los expertos, una respiración armoniosa en este momento sería inspirar cuando se va hacia atrás y exhalar cuando se va hacia adelante. Si bien el orgasmo y las sensaciones propias de la excitación se producen de manera natural, uno puede permitir que continúen su rumbo libremente o, por el contrario, interrumpirlas. Y para esto, una buena respiración y libertad en los movimientos son factores que motivan a seguir el proceso natural.

Si uno pretende poner en práctica la respiración profunda, observar cómo respira y cómo se sincroniza el intercambio de aire con los movimientos, lo más recomendable es hacerlo en un momento en el que se sienta relajado y tranquilo y que pueda enfocar toda su atención. Intentarlo por primera vez en el momento mismo del acto sexual podría ser un poco complicado, porque se estaría preocupando por un sinnúmero de factores ajenos al acto mismo.

7. El coito o relaciones sexuales

Relaciones sexuales

Después de los besos, las caricias y un preámbulo sexual, muchas parejas llegan a lo que conocemos como relaciones sexuales, coito, cópula o *hacer el amor*. Tradicionalmente asociamos el término hacer el amor con la introducción del pene en la vagina; pero no sólo es eso, la gran mayoría de las veces la penetración se acompaña de estímulos visuales, auditivos y olfativos que promueven la respuesta sexual, además de las caricias, la atracción y el afecto que se puedan sentir hacia la pareja. Y todos estos complementos pueden ser igualmente o aun más importantes que la penetración misma.

A continuación hablaremos de la necesidad de asumir la propia sexualidad y el derecho a ejercerla y disfrutarla, para poder vivirla plenamente y gozarla de manera responsable. Analizaremos los diferentes tipos de coito, los beneficios de la actividad sexual y la importancia de todas sus etapas así como algunas curiosidades al respecto. Empecemos por asumir la propia sexualidad.

Asumir la conducta sexual

Nuestra conducta sexual, y en especial las relaciones sexuales, está regida por la cultura. Son las normas sociales las que nos dicen lo que está bien y lo que está mal, cuándo es correcto y cuándo es inadecuado o castigado. Los hábitos sexuales y la actitud hacia ellos varían según la cultura y la sociedad. En nuestra sociedad latina, las relaciones sexuales se han ligado estrechamente con la reproducción

155

y las estructuras en las cuales ésta debe darse: el matrimonio y la familia. Si bien los tiempos han cambiado y la visión hacia la sexualidad ya no es la misma, perduran algunos dogmas al respecto. Desde una perspectiva más conservadora, se tiende a pensar que las relaciones sexuales están reservadas para el matrimonio y, una vez casados, de ser algo prohibido pasan a ser algo con lo que hay que cumplir y por eso no es válido negarse. En algunas ocasiones se accede a tener encuentros sexuales sin mayor problema —aun sin desearlo— con la intención de complacer a la pareja, pero también hay casos en que se asume como una obligación. En un medio como el nuestro, llevar una vida sexual activa sin una relación estable sería altamente criticado. Si nos vamos al otro extremo, no tener relaciones sexuales antes del matrimonio puede considerarse anticuado y si se acepta abiertamente ser virgen, es posible que se despierten dudas acerca de la orientación sexual de la persona y sus conflictos personales. Son posturas distintas, pero en ambos casos existe una presión externa que nos incita a tener relaciones sexuales o evitarlas.

Si la sexualidad es algo natural y personal, ¿cómo es que una de sus expresiones puede ser determinada por factores externos a nosotros mismos? A veces es más fácil dejar afuera la responsabilidad de nuestros propios deseos y necesidades que asumirlos como propios. Es más fácil negarse a tener relaciones sexuales antes de casarse aduciendo que es algo indebido, que decir que realmente no es lo que se quiere, al igual que podría ser más sencillo decir que se tienen muchas parejas porque eso es lo que se espera en lugar de afirmar lo contrario. Si asumimos el papel de que el hombre es el experto que busca constantemente relaciones sexuales y que la mujer debe cuidarse de él y darse a respetar para guardar su imagen, es más fácil justificar que una mujer se deje llevar por las artimañas de aquel que le hizo creer una historia de amor y la burló, ya que en realidad ella no sabía lo que hacía. El problema no está en el querer o no querer tener relaciones sexuales, sino en poder asumirlo como tal y responsabilizarse de ello sin sentirse incómodo, obligado o culpable. En cualquier caso, cuando la decisión es motivada por una presión externa, ya sea conservadora o liberal, el control está más bien fuera de nosotros. Pensando en esto di con varios ejemplos que encontramos a diario en distintas edades, medios e ideologías.

- Por pertenecer a un grupo y lograr aceptación un hombre accede a tener relaciones con una trabajadora sexual sin quererlo en verdad y le queda una sensación desagradable por haber actuado en contra de sus deseos.
- Una mujer, por seguirle el paso a su amiga, termina en gran romance con un hombre que no le atrae en lo más mínimo.
- Una pareja decide tener hijos porque ya llevan un año de casados y eso es lo que se espera en su comunidad.
- Una mujer por fin accede a tener relaciones sexuales porque en su medio ya todos son sexualmente activos y ella no.
- Un hombre o una mujer evitan el contacto sexual y se sienten culpables de desearlo o haberlo tenido, debido a que está mal visto, afecta su reputación y se sienten avergonzados(as) porque los demás critican su conducta.

Para poder tomar decisiones responsables y adecuadas para nosotros y nuestros valores, es necesario asumir la sexualidad como algo propio, tener información objetiva y conocer los pros, los contras, los posibles riesgos y las precauciones para evitarlos.

Pero, ¿por qué, aun cuando la información es cada vez mayor en la actualidad nos negamos a vivir nuestra sexualidad de una manera responsable? Parece que hubiera algo más allá que la simple necesidad de información, que tiene que ver con una actitud muy arraigada. Actitud relacionada con una imagen de honor, de pureza, virilidad y decencia, como si el valor de una persona estuviera ligado a su vida sexual, sus preferencias y sus prácticas.

No se trata de criticar las conductas de unos u otros, ni de imponer un comportamiento estrictamente tradicional ni extremadamente liberal, pues para fines prácticos es lo mismo: querer que los demás actúen como nosotros y, si no lo hacen, juzgarlos. Más bien se trata de respetar y estar abiertos a que existen formas distintas de ver y vivir la sexualidad, al igual que existen individuos y formas distintas de pensar y ver la vida. Algo que sí es indispensable en todos los casos es estar conscientes de lo que estamos haciendo, respetar al otro así como a sus decisiones y tener una conducta responsable y lo más libre de riesgos posible.

Autoestima y relaciones sexuales

Durante la relación sexual existe cierta intimidad que no se propicia en otras circunstancias. Uno muestra aspectos distintos de sí mismo, muestra su cuerpo, sus sensaciones y sus sentimientos. Se relaciona a partir de lo que es y de lo que tiene y, por lo tanto, la percepción que se tenga de la propia sexualidad, la autoestima, la seguridad en uno mismo y la necesidad de controlar la situación, intervienen en el acto. Las creencias que tengamos acerca de cómo debemos actuar en la intimidad, de lo que se espera de nosotros y si cumplimos las expectativas o no, nos capacitan en mayor o en menor medida para disfrutar el encuentro, como sucede en los siguientes ejemplos[122].

> En realidad no disfruto mucho de la relación sexual, porque estoy la mayor parte del tiempo preocupada por el tamaño de mi vientre. Me siento muy gorda y la verdad me cuesta creer que a mi pareja le sea realmente atractiva. Cuando él me dice que sí le gusto y que disfruta mucho estar conmigo, siento que lo dice por hacerme sentir bien. Creo que además de afectarme a mí —porque no gozo— estoy afectando a mi pareja, así que a veces prefiero no decir nada y fingir que estoy relajada.

> Sé que mi pareja había tenido otros compañeros sexuales antes de mí, y me causa un poco de ruido. Cuando tenemos relaciones sexuales no puedo evitar pensar que tal vez con sus otros compañeros disfrutaba más o se sentía más querida. Esa falta de concentración y la imagen constantemente presente hacen que no pueda estar por completo en el acto y mi desempeño no es tan bueno como yo esperaba. Eso comprueba, hasta cierto punto, que soy malo en la cama y que seguro los otros lo hicieron mejor.

Por lo general me siento muy sola. Cuando tengo relaciones sexuales, la cercanía con el otro me hace sentir querida e importante. Lo malo es que mis parejas me duran muy poco y rápidamente tengo que buscar a alguien nuevo para sentirme segura.

Conforme me acuesto con más mujeres, me siento más viril y atractivo. Me da seguridad.

Cuando tengo relaciones sexuales siempre me preocupo por contener cualquier ruido, gemido o movimiento brusco, me daría mucha vergüenza.

¿Qué le dice todo esto? ¿Podría ser que hubiera un pequeño conflicto con la manera de recibir y expresar afecto? ¿Con lo que hace sentir valiosa a la persona? ¿Falta de confianza en sí mismo? ¿O falta de aceptación del cuerpo? Sí, en lo sexual también se reflejan esos pequeños puntos débiles que nos aquejan. ¿Qué hacer en esos casos? Uno, sería importante saberse con derecho a vivir la sexualidad, aceptarla como parte de uno mismo y saber que se vale sentir sin avergonzarse por ello. Por otro lado, para que uno pueda en verdad soltarse y perder el miedo a desinhibirse, es necesario tener confianza en el otro y si ése es nuestro problema, sería bueno pedirle ayuda a la pareja. Si el otro se muestra relajado, con soltura, inspira confianza, aceptación y seguridad, en el sentido de que no importa si no es la mejor relación sino que lo esencial es compartirla, nosotros nos sentiremos menos angustiados, y la pareja también. La paciencia y aceptación de su parte son importantes y ayudan a que nuestros esfuerzos sean más fructíferos, a perder el miedo. Pero conste que nosotros también tenemos que trabajar en eso y que la responsabilidad no es sólo del otro.

Se vale sentir y no es vergonzoso ni signo de debilidad, ni tampoco de ninfomanía o de tener "cascos sueltos". Por otro lado, valemos independientemente de que tengamos relaciones sexuales o no; que otra persona desee tenerlas con nosotros o que la convenzamos fácilmente de hacerlo, no nos hace mejores ni superiores. El valor personal reside en otra parte, no en la calidad de nuestras relaciones sexuales.

Cuando escuchamos la palabra coito, solemos relacionarla con la penetración del pene en la vagina y es lo que consideramos como relación sexual o hacer el amor. Sin embargo, existen algunas otras variantes, siendo la relación vaginal la más común. Obviamente, en la relación coital vaginal existen variantes en posiciones y modalidades. En cuanto a posturas, por ejemplo, las más conocidas son: la del "misionero", en la cual el hombre se recuesta sobre la mujer; la de la mujer sentada sobre el hombre recostado; la penetración posterior; lateral cara a cara o lateral de espaldas; ambos participantes sentados; o ambos de pie; y también existen variantes de cada una de éstas. Las diferentes posiciones proporcionan un tipo de estimulación diferente, ya que quedan en contacto distintas partes del cuerpo y la interacción con la pareja es distinta; además, permiten la estimulación de otras partes del cuerpo que no quedan en contacto directo.

El coito que involucra al pene y la vagina no siempre implica la penetración. Un ejemplo es el coito interfemoral, una práctica común entre hombres homosexuales, aunque hay personas heterosexuales que lo utilizan pensando que es un buen método anticonceptivo, ya que al no haber penetración suponen que es imposible que haya un embarazo. El coito interfemoral consiste en utilizar el espacio que queda entre los muslos para estimular el pene, lo que en el caso de la pareja heterosexual también estimula la vulva y el clítoris pues se establece un contacto directo.

El problema con esta práctica es que si no se utiliza ningún método de prevención de embarazo, o un preservativo para evitar la transmisión de infecciones, es posible que se contagie algún microorganismo y que si la eyaculación ocurre muy cerca de la vagina, haya algunos espermatozoides que logren penetrar y posibiliten el embarazo. De tal manera, aunque no haya penetración, tampoco hay que fiarse cien por ciento. Fuera de esas precauciones que habría que tomar en cuenta, no presenta ningún otro inconveniente.

Otro tipo de coito que también se relaciona más con los hombres homosexuales, pero que no es privativo de ellos, es el sexo anal, que consiste en la introducción del pene en el ano de la otra persona, aunque también comprende la estimulación de la zona anal con otras partes del cuerpo, sin por ello implicar una penetración. Muchas personas sexualmente activas —sin llegar a ser la mayoría— han tenido por lo menos una vez una relación de este tipo y la han disfrutado[123]; aunque no todos han quedado conformes con la experiencia. Esta práctica tiene algunos problemas; por ejemplo, si no se realiza con cuidado se pueden lastimar los tejidos del recto, lo cual podría causar dolor. Además, el interior del recto contiene un sinnúmero de microorganismos que facilitan el contagio de infecciones, sobre todo cuando después de una relación anal se lleva a cabo una relación vaginal.

Nunca después de una penetración anal se debe introducir el pene en la vagina sin una higiene adecuada previa, porque el riesgo de infección es muy alto. Pueden producirse infecciones virales, de parásitos y otros problemas sexuales como la prostatitis. El hecho de que los tejidos se puedan lastimar también facilita el contagio de enfermedades de transmisión sexual, entre ellas el VIH/SIDA. Para prevenir este tipo de riesgos existen condones especiales para el sexo anal que son un poco más gruesos; el problema es que cuando están en la vitrina no es notorio para qué tipo de coito se recomiendan y si a muchos les da vergüenza pedir preservativos, especificar que los desea para sexo anal puede ser aun más incómodo. Por eso, lo mejor es saber de antemano cuáles son.

El sexo oral, orogenital o "beso genital" también se considera un tipo de coito. Es practicado por más de la mitad de las parejas[124] y se presenta con mayor frecuencia entre gente joven y con cierto nivel educativo. El sexo bucogenital implica la estimulación de los genitales de la pareja utilizando la boca. Puede ser de una mujer a un hombre, de un hombre a una mujer, o de manera simultánea uno al otro; ése es el famoso "69", cuyo nombre hace referencia a la posición de los números que es similar a la que adopta la pareja. Evidentemente, en este tipo de práctica, como en cualquier otra, son importantes la higiene y la prevención de la posible transmisión de enfermedades. En el caso del VIH esta práctica es menos riesgosa (aunque no libre de peligro) que el sexo anal y que el vaginal, pero hay otro tipo de enfermedades que sí pueden albergarse y desarrollarse en la boca y otro tipo de mucosas; tal es el caso de la gonorrea y el herpes genital. Es importante saber que también existen preservativos especiales para el sexo oral, con la particularidad de que no tienen lubricante y algunos tienen sabores e incluso olores. Para las mujeres se utiliza el dique dental, —llamado así porque es el que ocupan los dentistas para facilitar algunos de sus trabajos—, una tira de plástico que se coloca cubriendo la vulva, o el plástico adherible que se usa para envolver los alimentos. Y bueno, como es obvio, con el sexo oral el embarazo no es posible.

Además de estas variables, que para unos pueden ser placenteras y deseables en tanto que en otros causan rechazo o cierta reticencia, las relaciones sexuales durante la menstruación también se perciben de maneras muy distintas. Es cuestión de gustos y de las preferencias de cada pareja. En un gran número de sociedades, cuando las mujeres están menstruando se considera que están sucias o impuras; en algunas incluso se les prohíbe la entrada a los templos si tienen la regla.

Las musulmanas están obligadas a interrumpir el ayuno del Ramadán debido a la "impureza" en la que se encuentran. En la antigua Roma Plinio afirmaba que los niños que nacían con problemas o deformaciones eran producto de una relación sexual durante la menstruación, creencia que prevaleció durante varios siglos de nuestra era. La tradición judeocristiana, en Levítico 15:19, dice que una mujer en menstruación es impura durante siete días al igual que todo aquel que la toque o todo objeto que esté en contacto con ella. Los judíos y los paganos de la antigüedad estaban seguros de que el flujo menstrual tenía efectos mortales.[125]

Existen muchos mitos en torno a este ciclo femenino y uno de ellos es que no se deben tener relaciones sexuales durante la presencia del flujo menstrual, pero no existe ninguna razón médica o física que lo impida. Es más una cuestión de gustos y de mutuo acuerdo que cualquier otra cosa.

Sentirse amado y aceptado, además de tener contacto físico con otra persona, tiene efectos positivos en el estado de ánimo y en la percepción de uno mismo. De igual manera, la relación sexual en sí misma tiene consecuencias favorables en todo el organismo y en nuestro estado de ánimo, en primer lugar porque cuando uno se siente mejor emocionalmente, el estado de salud mejora.

El grado de beneficio que produzca la actividad sexual está directamente ligado con lo satisfactoria que ésta sea y cuando el contacto es placentero, tiene efectos en diferentes órganos y funciones de nuestro cuerpo.

El acto sexual activa la circulación de la sangre en todo el cuerpo, incluyendo la cara, lo que hace que después de éste, se tenga una apariencia más rozagante.

En el momento del orgasmo el cerebro libera unas sustancias químicas llamadas endorfinas que producen una sensación de placer y relajamiento; por eso (además de la activación alternada del sistema simpático y parasimpático, como mencionamos en el capítulo 6) tiene un efecto relajante y ayuda a disminuir la ansiedad. Las endorfinas estimulan el centro del placer; funcionan de una manera parecida a la morfina, sustancia utilizada para disminuir el dolor. De hecho, durante la excitación sexual aumenta la tolerancia al dolor y esto es aun más marcado en el momento del orgasmo. Y, al relajarse y tranquilizarse, las enfermedades psicosomáticas como la dermatitis nerviosa tenderían a atenuarse. De la misma manera y bajo el efecto relajante de las endorfinas, el placer sexual mejora el sueño y ayuda a calmar el hambre ansiosa. Hay otros dos neurotrans-misores que secreta la hipófisis (glándula que se encuentra en el cerebro), vinculados con la sensación de placer y alegría posterior a la relación. La serotonina y la dopamina justamente dopan al cerebro y la sangre dejando una sensación generalizada de bienestar.

Como cualquier otra actividad física, el acto sexual permite liberar tensiones nerviosas y musculares. El ritmo respiratorio aumenta considerablemente durante la excitación sexual y, por lo tanto, la oxigenación del organismo también. Con esto la sangre se limpia y se regenera. De forma paralela, el corazón se acelera incrementando los latidos paulatinamente con el grado de excitación y volviendo a su estado normal después del orgasmo, o en todo caso una vez terminada la relación, haya orgasmo o no. Eso constituye un buen ejercicio cardiaco. La aceleración de la respiración también provoca otros efectos; al aumentar hace que se mueva con mayor fuerza el diafragma y ayuda, uno, a la mejor circulación de la energía por el cuerpo y dos, a ejercitar los músculos del abdomen. Ese mismo movimiento abdominal influye directamente en los intestinos mejorando el tránsito intestinal. En el caso de las mujeres, el placer sexual tiene efectos sobre el sistema hormonal, ayuda a la buena producción de estrógeno y a mantener un equilibrio hormonal. Esto a su vez trae beneficios a la piel, que se tonifica e hidrata. Como es evidente, los efectos pueden ser múltiples y variados.[126]

Lo anterior sucede cuando las relaciones son deseadas y se viven de una manera placentera; si no fuera así, seguro los efectos serían los contrarios. Y parte de lo que hace que sean placenteras se vincula con que uno se permita disfrutarlas, se relaje y se concentre en el momento.

Hoy día estamos rodeados de estímulos relacionados con la sexualidad, anuncios, programas, bromas y demás; pero no por eso nos damos el tiempo suficiente para tener una vida sexual satisfactoria que nos ayude a mantener una buena relación de pareja y a la vez disfrutar de los beneficios que la "buena" actividad sexual puede proporcionar. Estamos demasiado inmersos en las actividades de la vida cotidiana, las preocupaciones económicas, el estrés y resolviendo los problemas que se nos presentan día con día. Y quizá dejamos la intimidad y el cuidado de nuestro cuerpo en un plano secundario. Necesitamos darnos un tiempo en el que podamos entregarnos a la actividad sexual, dejando fuera la tensión y las preocupaciones. Evidentemente, como en cualquier otra cosa, estar "aquí y ahora", sin pensar en otras cosas y estar completamente presente en la actividad que se realiza, hace que podamos percibir con mayor agudeza lo que sentimos y que podamos, en este caso, entablar una comunicación más estrecha e íntima con la pareja. Lo mejor es que al lograr esto, es posible relajarse. Si uno se relaja y está presente sintiendo todos los estímulos y reacciones corporales, además del cariño y la cercanía con el otro, entonces es posible notar los beneficios del contacto íntimo mencionado. Digamos que es como un círculo, en el cual la disposición física y emocional lleva a un mayor bienestar que nos hará sentir mejor.

EL MEJOR AMANTE

Se bromea diciendo que existen dos presentaciones de condones: las cajas de siete, que son para solteros y las de doce, para casados. La primera es para usar uno al día, y la segunda, uno al mes, pues prevalece la idea de que con el tiempo se va perdiendo el interés sexual.

También se afirma que son mejores amantes quienes tienen relaciones sexuales con mayor frecuencia y pueden mantener por un tiempo más prolongado la penetración. En efecto, si esas relaciones son placenteras y hay una verdadera comunicación entre la pareja, es muy probable que la vida sexual de esas personas sea satisfactoria. Pero no es lo mismo buscar batir un récord que encontrar satisfacción. Además, lo que pasa antes —el preámbulo y los juegos sexuales previos— y lo que suceda después de la penetración en sí misma, tienen un papel sumamente importante. Volviendo al famoso chiste del principio y a la idea del buen amante, ¿existe una frecuencia ideal o adecuada para todas las parejas, o más preciso aun, para todos los individuos?

Cada persona posee un parámetro distinto y necesidades diferentes, por lo que si bien para algunas lo ideal es tener relaciones todos los días, o más de una vez al día, para otras, lo ideal es un par de veces por semana o menos. En ese sentido, no hay una regla que se aplique a todos, ni tampoco podemos decir que aquéllos con un menor deseo sexual sufran algún problema o que los que buscan la actividad sexual con mayor frecuencia sean maniacos sexuales. Si la pareja se siente feliz y satisfecha con cierta frecuencia, ésa es la adecuada para ellos.

Ahora, tampoco se trata de una cuestión constante; habrá épocas en las que el deseo sea mayor, y otras en las que decrezca. Eso se debe a muchas circunstancias.

El problema surge cuando uno de los integrantes de la pareja tiene un mayor deseo sexual que el otro, en especial cuando la diferencia es muy grande. Digamos que uno de los dos desea tener relaciones sexuales varias veces en una semana, mientras que la otra persona sólo las desea una vez al mes. Una de dos: o uno se frustra, o el otro se siente forzado, y evidentemente se crea un conflicto que habría que hablar, negociar y solucionar.

Cuando por lo regular la pareja se siente satisfecha con su vida sexual, pero por alguna circunstancia su calidad o su frecuencia son alteradas, el caso es un poco distinto. Se puede deber a un exceso de ansiedad o estrés, provocado por una situación externa o por algún conflicto de pareja que permanece oculto. También es posible que la falta de ejercicio o el no estar en forma disminuyan el deseo sexual, lo mismo que una mala alimentación, estar pasado de peso, deprimido o bajo el efecto de algún medicamento.

Una vez identificada la posible causa, es más fácil encontrar una solución. Por ejemplo, empezar a hacer ejercicio, que por un lado ayuda a relajarse y por otro mantiene el buen funcionamiento del organismo, la elasticidad, la condición física y el nivel adecuado de testosterona. Hacer demasiado ejercicio no es directamente proporcional al aumento del deseo sexual; de hecho puede causar el efecto contrario, así que tampoco se trata de exagerar.

Bajar el consumo del alcohol y del tabaco también tiene efectos positivos en la conducta sexual. El cigarrillo disminuye el nivel de estrógenos y esto afecta el deseo mientras que el exceso de alcohol interfiere con la respuesta sexual. Compartir actividades gratificantes con la pareja, divertirse juntos y fomentar la intimidad también influye y en gran medida. Lo que importa es la calidad, no la cantidad; en este caso, por supuesto que sea de mutuo acuerdo y adecuado para los dos. Así, los mejores amantes serían los que están plenamente satisfechos.

Las relaciones sexuales ¿tienen una hora y lugar precisos?

El momento que se ha destinado a las relaciones sexuales también tiene que ver con el grado de satisfacción que de éstas se pueda obtener. Generalmente el contacto sexual entre una pareja estable y que lleva varios años de convivir se reserva para la noche, porque es el momento en que ambos coinciden en casa, porque los hijos duermen o porque la oscuridad le da cierto toque de intimidad o se guarda más el pudor. El caso es que también coincide con que en la noche, ambos suelen estar cansados por las actividades diarias y a veces no están en la mejor disposición de tomarse las cosas con calma, remitiéndose a la mera penetración después de la cual cada uno se da la vuelta hacia su lado de la cama y se dispone a dormir sin mayor convivencia. Poco a poco esto va degradando la relación, haciéndola monótona y sin chiste. Se deja de lado el interés en lucir atractivo y ser amable y en ocasiones es justo esto lo que hace llamativa la búsqueda de nuevas experiencias en las que existen la conquista y la seducción, y en las que se intenta complacer al otro y el otro trata de complacernos. A veces parece que planear las relaciones sexuales hace que se pierda la espontaneidad; sin embargo, en estos casos en los que se siente que van perdiendo el sabor, planearlas puede hacer que sean mucho más placenteras. Buscar un momento ideal, preparar un ambiente romántico, una cena a la luz de las velas, o un lugar diferente del acostumbrado, puede darles un toque distinto y novedoso. Recuerdo una señora que comentaba en un taller de sexualidad que ella iba con cierta regularidad a un hotel con su marido para estar libre de las preocupaciones de los hijos, del hogar, del teléfono, etcétera. Y, ¿por qué no?, si eso puede mejorar la relación de una pareja y hacerla satisfactoria. Ponerle imaginación a la situación, el lugar, el arreglo personal, un detalle provocador, puede darle nueva chispa a los encuentros rutinarios. No siempre tiene que ser en el lecho nupcial, a la misma hora, después del trabajo y antes de ver la televisión o dormir.

Después de la relación sexual

Lo que pase antes, durante y después de la relación sexual es importante. Muchas veces la gente se enfoca única y exclusivamente al momento del coito en sí, por lo que centra toda la satisfacción y las sensaciones más intensas en ese hecho. Sin embargo, se ha visto que los juegos sexuales previos, el preámbulo, o todo aquello que tiene que ver con la estimulación inicial, son de suma importancia, porque crean un ambiente especial, hacen que la pareja se acerque poco a poco y que la excitación vaya siendo cada vez mayor. Esta parte puede durar desde minutos hasta horas, si la pareja pone en marcha su creatividad e imaginación. La situación y la estimulación pueden ser muy satisfactoria. En ese momento surge la posibilidad de que ambos se comuniquen de otras maneras y haya un contacto íntimo que se prolongue aun después de que los dos alcancen el clímax. Lo recomendable es que todo eso también ocurra después de la relación sexual.

La relación sexual suele dividirse en preámbulo, penetración y lo que sucede después de ésta, aunque por lo general hablamos más de las dos primeras partes que de la última, sin pensar que lo que sucede en ese tercer momento produce efectos positivos y afianzadores, además de que es capaz de aumentar el goce de todo lo sucedido o, por el contrario, dejar un sentimiento de vacío y distancia.

Investigadores estudiaron la importancia de esta tercera etapa —que ellos vincularon estrechamente con la intimidad— y los factores que en ella influyen. Según estos especialistas, la mayoría de las personas (por lo menos de las que ellos entrevistaron) no están satisfechas con lo que sucede después del coito, a pesar de que hombres y mujeres desean lo mismo en ese momento. Por otro lado, los juegos y las caricias posteriores a la relación sexual están muy ligados a la satisfacción de ambos acerca de su relación de pareja. Lo explicaremos de la siguiente manera: cuando hay verdadera intimidad y contacto real, se disfrutan todos los pequeños detalles del acto sexual, en verdad se está ahí con el otro y eso se le hace sentir, la satisfacción y la sensación de plenitud compartidas son mayores. Es un lapso en el que se intercambian atención y cariño sin la expectativa de que luego suceda algo más, un momento especialmente sensible, vulnerable y de mucha cercanía. Después de la relación sexual los acercamientos son más bien abrazos, caricias, besos tiernos o sólo la intimidad con el otro. Las pláticas románticas, hablar de sentimientos profundos y hacer sentir al otro en confianza refuerzan este ambiente y resaltan los aspectos emocionales, a la vez que acercan a la pareja aun más. Incluso, en ocasiones provoca que un encuentro poco satisfactorio, o que al inicio había dejado una sensación de incomodidad o vacío, adquiera un nuevo significado, pues se le da más peso a lo afectivo.

Expertos recomiendan qué sí y qué no hacer entonces para disfrutar al máximo todo el conjunto. En principio parecerán recomendaciones un tanto lógicas, pero no siempre lo son. Se aconseja que de preferencia después de la relación sexual no se intente solucionar antiguos conflictos, o se hagan reproches o críticas. También es mejor no ponerse a comentar las preocupaciones laborales, económicas o de la vida cotidiana, sino abordar temas más románticos, ser cariñosos y expresar sentimientos sexuales. De ser posible, sería mejor evitar comparaciones con parejas anteriores, encender el televisor inmediatamente después, ponerse a hablar por teléfono o darse la media vuelta y dormirse.

Así como estas encomiendas, hay múltiples libros, videos e incluso CD-ROM en los que se encuentra una especie de guía para la intimidad, con consejos y sugerencias para aumentar la propia excitación y la del otro, evitar la rutina y experimentar nuevas posiciones o caricias. Algunos incluso afirman que siguiendo los pasos mencionados se llegará a ser el o la mejor amante y a disfrutar al máximo los encuentros sexuales. Por supuesto que estos medios a veces proporcionan buena información y nuevas ideas que ayudan a mejorar la vida sexual de la pareja; sin embargo, seguir las instrucciones al pie de la letra elimina toda espontaneidad y será la causa de que el encuentro se transforme en un automatismo puro. Resultaría un poco como querer bailar tango contando los pasos y mirando los pies del compañero para no equivocarse, en lugar de sentir la música y unirse en un mismo ritmo.

Lo ideal es que estos elementos se analicen en pareja y que a partir de ellos se inicie el diálogo acerca de las sensaciones que les despierta, y lo que les gusta y disgusta en su relación sexual, lo que desearían experimentar o preferirían evitar, para entonces conseguir un mejor entendimiento en la intimidad.

8. Expresiones comportamentales

Es común que llamemos perversiones o desviaciones sexuales a conductas que consideramos poco comunes o no muy convencionales. En alguna época se llegó a pensar, y algunas teorías así lo manejan, que las prácticas sexuales no encaminadas a la genitalidad o cópula no andaban por el camino "natural". Hoy estas "perversiones" se denominan parafilias —que viene del griego *para* : "más allá" o "fuera de lo común", y *filia*: "amor"—, es decir, son variaciones, preferencias sexuales o, a la manera técnica, "expresiones comportamentales".[127]

¿Por qué variaciones sexuales? Porque en realidad no hay una norma de cómo vivir la sexualidad o qué es lo que deba preferir la gente como práctica. La base para saber lo que está *bien* (si es probable que lo llamemos de esa forma) para nosotros y nuestra pareja, es el consentimiento mutuo; el acuerdo entre los dos y la congruencia con nosotros mismos. Otro punto importante es que la práctica no sea nociva para ninguno de los participantes; aquí entraría también la noción del respeto, a uno mismo y a la otra persona, lo mismo que al propio cuerpo y al del otro. Estos puntos marcan límites. Aun así, es posible que uno se pregunte: ¿Hasta dónde una conducta es "sana" y hasta dónde ya no lo es? O ¿soy un "degenerado" porque me gustan cosas poco convencionales? La respuesta es que se empieza a considerar que una conducta "no es sana" a partir de que esa práctica sexual se convierte en la única manera de obtener satisfacción, o en una compulsión.

En realidad las preferencias se definen dentro de un continuo con varios niveles.[128] El primero se refiere a un aspecto *no erótico*, enlazado con cierto gusto hacia algo determinado. El gusto puede ser moderado o muy intenso. Por ejemplo, a una persona quizá le gusten mucho los olores o aprecie los perfumes, el olor de una buena comida o de un lugar, pero todo eso no es necesariamente un estímulo erótico. El siguiente nivel sería el de la *fantasía erótica*, donde existe una atracción a nivel sexual sin que se lleve a cabo ningún acto. Siguiendo con los olores, un ejemplo sería alguien que fantasea que tiene relaciones sexuales en una habitación que huele a incienso o a flores, dado que esto le excita, pero no lo pone en práctica. La tercera etapa es cuando la *actividad en sí* resulta placentera en términos eróticos. En este caso, para la persona los olores reales sí son excitantes y por tanto los incluye en su vida sexual como un elemento más. Tal vez es sensible a los olores corporales de su pareja y a los aromas del ambiente; esto lo transforma en una expresión sexual *preferida* cuando este estímulo adquiere mayor importancia, aunque no por ello menosprecia los demás. Se convierte en una expresión *predominante* cuando sin ser exclusiva, es la predilecta y la que se busca con mayor frecuencia. El último punto del extremo es la expresión erótico-sexual *exclusiva*, que en este caso es comparable al caso descrito en el libro *El perfume*[129], de Patrick Süskind. La exclusividad se refiere a cuando el sujeto sólo obtiene satisfacción sexual a través de esa expresión. Existen matices entre tales planos marcados por mayor o menor grado de preferencia, pero creo que con los mencionados damos una idea clara del asunto.

Lo esencial en este caso es estar conscientes de que lo que conocemos como *perversiones* no necesariamente lo son. Que más bien son inclinaciones personales, que a un cierto grado, y complementadas unas con otras, no tienen por qué ser patológicas. El problema empezaría cuando la persona limita sus posibilidades de comportamiento y actúa de modo estereotipado.

En realidad todos poseemos en cierto grado algunas de esas preferencias. De hecho, lejos del erotismo, en ocasiones nos gustan mucho los niños, disfrutamos estar con gente mayor y observar a los demás, usar la camisa del hombre amado o traer la foto de la pareja en la cartera, o tal vez nos encanta ser reconocidos o hablar en público. A nivel erótico, sin llegar a la exclusividad, también somos un poco voyeristas —desde el momento en que nos es atractivo un cuerpo desnudo—, un poco exhibicionistas o fetichistas, dependiendo de cada quien.

Es más, la mayoría incluimos prácticas como acariciar (frotismo), ver (voyerismo), entre otras, como preludio de una relación sexual, durante ésta y después, que también surgen como conductas independientes que no necesariamente culminan en el coito.

En la intimidad estas variaciones sexuales suelen manifestarse acompañadas o se complementan, con consentimiento y acuerdo mutuos. El voyerismo está ligado al exhibicionismo: a uno de los dos le gusta ver y al otro ser visto; o puede ser un placer mutuo. En el frotismo hay una parte activa y una pasiva: el que toca y el que es tocado, papeles que por supuesto son intercambiables. El sadismo se asocia al masoquismo y la paidofilia a la gerontofilia. Al hablar de estos dos últimos, no necesariamente nos referimos a la atracción hacia los niños (en el caso de la paidofilia) ni hacia los ancianos (en la gerontofilia); un ejemplo de esto es una feliz pareja en la que uno le lleva 20 años de diferencia al otro.

Así que hay de grados a grados; y lejos de ser perversos, la mayoría de los individuos sexualmente activos experimentan una pequeña mezcla y la complementaridad de preferencias, con un toque muy personal.

CUÁLES SON LAS EXPRESIONES

Las siguientes son las expresiones comportamentales o preferencias sexuales más conocidas. Recuerde que todos podemos tener un poco de cada una en distintos niveles, sin llegar a ser patológicas. En este caso, nos referimos al nivel de expresión preferido o exclusivo.

> *Coprofilia*: placer sexual de defecar o mirar a alguien defecando.
> *Exhibicionismo*: se siente placer al ser observado desnudo o cuando se muestran los genitales.
> *Fetichismo*: el placer sexual se logra utilizando algún objeto, generalmente perteneciente a alguien específico.

Fobofilia: se obtiene placer sexual a través del peligro.

Frotismo o tribofilia: se llega al orgasmo frotándose contra alguien generalmente desconocido y en un lugar público.

Gerontofilia: atracción sexual de jóvenes hacia los ancianos.

Masoquismo: el dolor produce placer sexual.

Necrofilia: actividad sexual con cadáveres.

Paidofilia: atracción sexual de un adulto hacia los niños.

Rinofilia: se obtiene placer a través de los olores.

Sadismo: se obtiene placer al producir dolor.

Troilismo: se disfruta mirar al(la) compañero(a) teniendo relaciones sexuales con otra persona.

Urofilia:gusto por la orina y la micción.

Voyerismo: se experimenta placer al observar los cuerpos de otras personas o a individuos realizando actos sexuales.

Zoofilia: Contacto sexual con animales.

Este tipo de conductas son adquiridas a lo largo de la vida y mantenidas en la medida en que son reforzadas.

Algo sobre el sadomasoquismo

"Quien te quiere te maltrata" es una expresión que escuchamos comúnmente, como si el cariño estuviera ligado al sufrimiento y la agresión. O como lo manifiesta Germán Dehesa en la película *Cilantro y perejil*: padecemos el síndrome de Marga López, pues en forma aparente no sabemos querer sin sufrir.

La relación entre placer, dolor y sufrimiento es algo que se asocia con el masoquismo; que si bien no incluiremos aquí toda una explicación psicológica de sus orígenes y características —lo cual sería muy complejo— trataremos de entender un poco, a modo general, qué es y a qué se debe.

El masoquismo es un rasgo de carácter cuyo origen es la infancia, mismo que además de verse reflejado en cómo actuamos, percibimos los acontecimientos y nos relacionamos, afecta nuestra manera de vivir la sexualidad.[130]

El(la) masoquista, en opinión del sexólogo Francisco Delfín[131], es aquella(aquel) que disfruta cierto grado de dolor, humillación, agresión o dependencia, por lo que tenderá a unirse a una persona dominante o que guste hacer sufrir al otro. Este tipo de mancuerna se conoce como sadomasoquista, aunque el verdadero sádico preferirá a alguien que no goce del dolor sino que en realidad lo sufra, en tanto que el masoquista, dentro de lo que cabe, tratará de buscar alguien que no lo destruya del todo.

Según diversas teorías psicológicas el masoquista sí busca el placer, pero cuando éste llega a determinado grado el temor al castigo y la culpa de experimentar el placer es tan grande que la sensación se transforma en displacentera. Aparece un miedo tan grande al castigo que prefiere (de manera inconsciente, obviamente) adelantarse con la autopunición, que de seguro percibe como menos grave. Es un poco como quien abandona al ser que ama con locura para evitar el posible dolor que le causaría ser abandonado él.

Hay una necesidad constante de castigo, con orígenes en experiencias tempranas. Por ejemplo, ser educado con violencia y agresión, a golpes e insultos, hace que se asocien el cariño y la atención con la agresión y que se busquen posteriormente situaciones que repitan ese patrón, porque "si no me maltrata es que no me quiere".

Por otro lado, aprender que la autoflagelación, el sufrimiento y el castigo son loables y nos hacen más valiosos o espirituales también nos induce a este tipo de proceder. Asociar sexualidad con culpa, percibir el placer como algo indeseable que hay que evitar y aprender que las conductas sexuales merecen ser castigadas, propiciará que al vivir su sexualidad y presentir que la disfrutará, necesite castigarse y sufrir por la culpa tan grande que le causa hacer algo indebido.

Pero ¿y si la sexualidad es placentera en sí misma? Qué dilema ¿no? Estar luchando siempre por no gozar algo placentero, y además sentirse mal por eso. Ese dilema interno en general causa conflictos a ambos miembros.

Igual que en el resto de las expresiones sexuales, hay de grados a grados. Habrá a quien le guste ser un poco brusco o apasionado, pero sin llegar a lastimar ni agredir, y que el(la) otro(a) también goce esas variantes; de ahí a los látigos, las agujas y los golpes hay una gran distancia. Cuando esto se llega a presentar a esos grados, sería recomendable solicitar la ayuda de un psicólogo. El problema es que la persona no siempre lo sufre como algo que desea cambiar.

El sadomasoquismo, más allá de la relación sexual, lleva a situaciones de violencia intrafamiliar y otras situaciones complicadas que no trataremos en esta ocasión.

Lo único que me queda por añadir es que más vale que a uno lo quieran sin maltratarlo; después de ver, aunque sea de forma muy general, de dónde surgen este tipo de conductas valdría la pena observar un poco las consecuencias del estilo de educación que imponemos.

9. Actividad sexual y discapacidad física

La sexualidad de las personas con necesidades especiales suele aparecer como tema oculto, del que sabemos poco, aun cuando alguien cercano sufra alguna de estas dificultades. Incluso, que es lo más dramático, aquellos con problemas físicos muchas veces ignoran su potencial sexual y lo dejan en el olvido.

¿Si uno enfrenta alguna discapacidad física deja de tener sexualidad? Por supuesto que no. Aunque a veces creemos que aquellas personas que padecen parálisis cerebral, paraplejia, hemiplejia, ceguera o padecimientos similares, no se interesan por la actividad sexual. Pero una cosa es una cosa y otra cosa es otra cosa. Es decir, que el hecho de que uno enfrente dificultades en ciertas áreas no implica que no tiene intereses y necesidades sexuales.

Muchas veces pensamos esto basados en la idea de que para amar y ser atractivo para otra persona hay que ser joven y "bello", además de cumplir con ciertas exigencias sociales. Al mismo tiempo, existe una serie de mitos que refuerzan esta creencia. Solemos pensar que las personas con discapacidad son asexuales; que su discapacidad física tiene implícita una incapacidad sexual y que son personas completamente dependientes, que necesitan protección constante. Pero el mayor mito consiste en que para que la sexualidad sea plena, tiene que llegarse al orgasmo a través de relaciones sexuales. Y entonces nos enfocamos en eso, menospreciando otros tipos de manifestaciones de afecto y caricias sexuales que son satisfactorias en sí mismas.

El simple contacto físico, los besos, las caricias, la cercanía, la ternura y la intimidad pueden ser mucho más importantes que el orgasmo en sí mismo y centrarnos en él nos impide disfrutarlos.

Entonces, cuando pensamos en una persona paralítica que no tiene sensibilidad de la cintura para abajo (o aun desde más arriba), suponemos que sus genitales también carecen de sensibilidad y por lo tanto no hay respuesta sexual ni capacidad de gozar de la sexualidad. Preguntar sobre esto podría causarnos cierta vergüenza por lo que nos quedamos con la primera impresión. Si una persona paralítica no siente de la cintura para abajo y la sexualidad se centra en los genitales, entonces, la persona no tiene sexualidad. El problema es que las premisas son falsas y cada caso tiene sus sutilezas.

Cuando uno pierde la vista o el oído, suele desarrollar los demás sentidos de una manera mucho más aguda que el resto de la gente. Así también, cuando uno pierde la sensibilidad de ciertas zonas, otras se vuelven mucho más sensibles al tacto y producen nuevos tipos de reacciones. Digamos que se transforman en zonas erógenas. La principal zona erógena es la piel y el principal órgano sexual es el cerebro, así que mientras tengamos zonas de la piel sensibles y/o nuestro cerebro reciba estímulos sexuales (visuales, auditivos, táctiles, olfativos o producto de la imaginación) podemos seguir teniendo sensaciones y reacciones sexuales.

Muchos hombres minusválidos siguen siendo capaces de tener una erección, algunos eyaculan e incluso son capaces de procrear.[132] Entre las mujeres, en muchos casos sigue existiendo lubricación vaginal, siguen menstruando y también pueden tener hijos. Pero lo más importante es que todos ellos necesitan contacto físico, afecto, aceptación; asimismo son capaces de amar y ser amados así como de dar y recibir placer sexual.

En proporción son más los hombres con lesión medular que las mujeres. La relación es más o menos de cuatro hombres por mujer.[133] Este tipo de accidentes suele suceder cuando la persona es joven, por lo que le quedan muchos años por vivir y muchas cosas por hacer en esas condiciones.

Evidentemente, lo primero que se hace cuando una persona se encuentra en estas circunstancias es darle una terapia de rehabilitación física, pero no en todos los casos se incluye la rehabilitación sexual u orientación sobre el tema. Sin embargo es bueno saber que sí existe y que hay especialistas dedicados a eso.

La manera en que la persona se perciba a sí misma y la vivencia que tenga de su sexualidad, posibilitan una mejor adaptación a un nuevo estilo de vida repercutiendo en forma global. León Roberto Gindin, en su libro *La nueva sexualidad del varón*[134], cita a una mujer parapléjica que ejemplifica muy bien esto. "Cuando empecé a funcionar sexualmente, me sentí una persona completa y fui mejorando en todas mis otras actividades." Hay ciertos factores que pueden afectar inicialmente la función sexual de la persona discapacitada. La depresión que produce la lesión y las circunstancias que la acompañan muchas veces pueden traducirse en ausencia de deseo sexual. Por otro lado, el cambio de imagen de sí mismo también puede afectar la actitud que se tiene hacia la sexualidad y la idea de uno como ser sexuado. Si se tiene claro que aun cuando no haya sensibilidad directa de los genitales, sí hay otras zonas sensibles y la posibilidad de tener una sexualidad satisfactoria, habremos dado un gran paso.

Según la doctora Beverly Whipple[135], se ha tendido a dejar de lado el estudio de la sexualidad de las mujeres con lesión medular, porque muchas veces su posibilidad de participar en actividades sexuales se ve menos afectada. Menos afectada en el sentido de que si su pareja es comprensiva y ella mantiene un papel pasivo, pueden seguir manteniendo relaciones sexuales satisfactorias, sobre todo para él. Pero lo que se ha visto últimamente, es que la mujer, más allá de sólo satisfacer a su marido, es también capaz de llegar incluso al orgasmo y que aunque sus nervios estén dañados, puede presentar reacciones que se manifiestan de manera directa en la zona genital. Hasta hace poco se denominaban orgasmos fantasmas a aquellos orgasmos que eran producidos por la estimulación de otras zonas del cuerpo ahora hipersensibes. Sin embargo, el hecho de que no sean producidos por una reacción genital no significa que sean falsos. De hecho, las mujeres reportan tener sensaciones físicas y mentales. Tal vez estas sensaciones son subjetivas y no medibles de manera física, pero cuál es el problema, si de lo que se trata es de que la persona goce de su sexualidad y se sienta satisfecha con ella y no de cubrir una hoja de registro de respuestas.

En conclusión, la persona con lesión medular, hombre o mujer, tiene diferentes posibilidades de restablecer su vida sexual y sentirse satisfecha en ese aspecto.

10. Orientación sexual

En otro tiempo la naturaleza humana era muy diferente de lo que es hoy. Había tres clases de hombres: los dos sexos que hoy existen y un tercero compuesto de estos dos. Todos los hombres tenían formas redondas, la espalda y los costados colocados en círculo, cuatro brazos, cuatro piernas, dos órganos de la generación y dos caras en una misma cabeza. Algunos eran mitad hombre y mitad mujer, otros dos veces hombres o dos veces mujeres. Los cuerpos eran robustos y vigorosos y por esto concibieron la atrevida idea de escalar el cielo y combatir con los dioses... Después de mucho reflexionar, Zeus dijo haber encontrado la manera de disminuir las fuerzas de los hombres y de tener más seres que les sirvieran. La solución fue dividirlos en dos, como cuando se corta un huevo en partes iguales. Apolo puso el semblante del lado indicado y cosió las heridas dejando una sola abertura que hoy se llama ombligo. Hecha esta división cada mitad hacía esfuerzos por encontrar la otra de la que había sido separada y cuando se encontraban, se abrazaban y se unían no queriendo hacer nada la una sin la otra.

De ahí la existencia de seres de distinto sexo que buscan su otra mitad, que dependiendo de su origen, puede ser de su mismo sexo o diferente.[136]

Ser hombre o ser mujer es independiente de la preferencia sexual que se tenga. Una cosa es el sexo biológico, que tiene que ver con las características sexuales con las que se nace (pene y testículos o vagina y útero); otra cosa es la identidad de género (sentirse y vivirse como hombre o como mujer), la cual se define en los primeros años de vida, y otra, también diferente, es la preferencia u orientación sexual. Esta última tiene que ver con la atracción erótica y puede ser hacia personas del otro sexo (heterosexual), hacia el mismo sexo (homosexual) o ambos géneros (bisexual).

SOBRE LA HOMOSEXUALIDAD

¿Qué es lo que hace homosexual a un homosexual? ¿Tener modales afeminados implica que a un hombre le gustan los hombres? ¿Tener actitudes masculinas implica que la orientación sexual de una mujer se dirige a otras mujeres?

A veces pensamos que la simple apariencia o cierto tipo de conductas revelan la orientación sexual de alguien. Sin embargo, decir que una persona es homosexual significa que se siente atraída eróticamente por individuos de su mismo sexo.

Aun entre los niños, empiezan a correrse rumores y a hacerse comentarios fundamentados en el aspecto y el gusto por ciertas actividades que ni siquiera ellos mismos entienden, pero que sí afectan y segregan. Siempre hay un niño al que le dicen "maricón" por llorar, o una niña a quien clasifican como "marimacha" porque le gusta el futbol y es "ruda". No obstante, aunque esas características no coincidan con lo que la sociedad espera de un hombre o una mujer, no implican que se tenga una orientación homosexual.

Durante un tiempo dejó de tratarse la homosexualidad como una perversión o desviación para clasificarla como una preferencia sexual. Pero ser homosexual no es una cuestión de libre elección, como tampoco lo es ser heterosexual. De ahí que ahora se le llame orientación sexual en lugar de preferencia.

Si no es una elección, ¿a qué se debe?

A este respecto existen muchas teorías[137]; sin embargo, no hay bien a bien una explicación que se aplique a todos los casos o que esté comprobada. Algunas se refieren a la influencia del ámbito familiar durante la infancia; otras a experiencias vividas con personas del mismo sexo, situaciones de abuso en la niñez o casos circunstanciales y ambientes en los que se encuentran sólo gente del propio sexo, como el ejército o la cárcel. No obstante, pueden surgir toda una serie de interrogantes al respecto, como: ¿por qué unas personas reaccionan de una manera distinta frente a una misma situación?

En la búsqueda de algunas causas biológicas de las diferencias de orientación sexual se han comparado las concentraciones de hormonas de homosexuales y lesbianas con las de heterosexuales, sin disparidades ni resultados significativos. También se ha indagado sobre alguna estructura distinta en el cerebro y sobre la posibilidad de algún factor genético, pero nada es definitivo.

Algunas interrogantes comunes son: ¿A partir de cuando se es homosexual? ¿Cuál es el límite o la diferencia? ¿Por haber tenido alguna vez en la vida un contacto con alguien del mismo sexo ya es uno homosexual?, ¿y por haber fantaseado con ello? Más que la apariencia o las circunstancias que se hayan vivido, se trata de una experiencia interna en la que la persona, siendo ya adulta, siente atracción erótica y preferencial por individuos de su mismo sexo y se involucra en relaciones sexuales con ellos. Entonces, podríamos decir que el límite lo marca esa experiencia interna.

La diferencia entre una persona homosexual y una heterosexual es su orientación erótica, la cual no tiene por qué afectar otras áreas de su vida. Su desempeño profesional es independiente de su orientación, lo mismo que su salud mental. De hecho, no por ser homosexual se es más propenso a tener problemas psicológicos que el resto de la gente.

Cuando vemos a alguien que suponemos heterosexual, ¿nos cuestionamos acerca de su vida íntima? ¿Lo hacemos si lo creemos homosexual? ¿Por qué? ¿Cambia nuestra percepción de una persona cuando descubrimos su preferencia sexual? ¿A qué se debe?

Las etiquetas

La homosexualidad suele relacionarse con conductas indebidas, comportamientos no naturales, conflictos psicológicos y enfermedades de transmisión sexual, incluso con una influencia negativa o peligrosa sobre los jóvenes. Pero no necesariamente es así.

Las infecciones por vía sexual son transmitidas tanto por personas homosexuales como heterosexuales y los conflictos emocionales no son sólo de los homosexuales o las lesbianas; también los padecen los heterosexuales.

En realidad, muchos de los problemas que los homosexuales viven se originan en la forma en que la sociedad y sus propias familias reaccionan ante su orientación. Con miras a evitar el rechazo o las dificultades sociales, incluso en el aspecto laboral, muchas veces estas personas intentan ocultar o negar su homosexualidad. No aceptar la propia orientación sexual y luchar por ir en contra de ella podría evitar ese juicio social pero, ¿cómo se sentiría la persona al intentar ser y sentir algo que no es? Con seguridad los conflictos, lejos de disminuir, serían mayores.

La homosexualidad no se considera un trastorno mental ni un problema. Sólo podríamos decir que lo representa cuando la persona se siente a disgusto con su sexualidad, presionada por el medio o con dificultades a causa de ello.

Los conflictos en relación con la propia sexualidad no son exclusivos de las personas homosexuales. Un(a) heterosexual también podría experimentar dificultades respecto a su conducta sexual; por ejemplo, cuando a pesar de que ciertas prácticas le gustan, las considera sucias, indebidas y antinaturales, por lo que se siente culpable tanto del deseo que le provocan como de practicarlas.

El temor a la conversión

Quizá uno de los grandes miedos, y causa de rechazo hacia la homosexualidad, es el temor a que esto pudiera sucederle a los hijos, por malas influencias o experiencias no deseables. Pero no es algo que se adquiera por influencia o aprendizaje; ni siquiera los mismos hijos de personas homosexuales o menores educados por ellas tienen una mayor tendencia a esa orientación que la que presentaría cualquier otra persona.

El temor a la homosexualidad lleva a veces a rechazar conductas consideradas femeninas en los hombres o masculinas en las mujeres, lo que limita a la persona en su expresión. Sin embargo, los gustos, las actividades y las actitudes no son los que definen la orientación sexual. Tener rasgos femeninos, en el caso del hombre, o masculinos en el caso de la mujer, no implica que sean homosexuales; tampoco el ser sensible, rudo, saber tejer o jugar futbol, llorar o tener iniciativa. Es más, hay hombres homosexuales de apariencia muy masculina y lesbianas muy femeninas.

Algunas veces creemos, erróneamente, que si los hijos varones juegan con muñecas o pasan mucho tiempo rodeados de mujeres es porque tienen tendencias homosexuales que deben corregirse buscando que adopten las conductas típicas de su sexo. Intentamos que el niño sea tosco, insensible, agresivo y que muestre un cierto desprecio a los roles del sexo opuesto. O, en el caso de una niña, buscamos que sea "toda una señorita", que se vista de rosa, sea incapaz de usar o escuchar malas palabras, ensuciarse, correr o utilizar en lo más mínimo su fuerza física, ni siquiera para abrir un frasco. Todos tenemos una parte masculina y una femenina; manifestar ambas no hace a una mujer activa menos mujer ni a un hombre sensible menos hombre. Nuestros propios temores acerca de nuestra sexualidad nos llevan a exagerar un tipo de conductas para inhibir otras y a rechazar la homosexualidad, como si el repudio fuera un medio de protección. No obstante, ni expresarnos plenamente e incorporar nuestros aspectos masculinos y femeninos cambia la orientación sexual; de hecho, si lo pensamos un poco, experimentar ambos aspectos nos hace más completos. Tampoco aceptar y respetar las orientaciones de otros nos pone en riesgo de adoptarlas.

La influencia del prejuicio en la percepción

Aún no se sabe si las personas homosexuales tienen alguna diferencia hormonal o genética innata, o si se trata de una orientación relacionada con las experiencias y las circunstancias vividas.

Algunos consideran que afirmar la existencia de diferencias genéticas y/u hormonales es afirmar que la homosexualidad es una anomalía, una enfermedad o una falla física. Sin embargo, creo que también es posible contemplarla desde la perspectiva de que se trata tan sólo de una diferencia y una variación de la naturaleza. En efecto, si existimos hombres y mujeres es para que podamos reproducirnos y, por lógica, las parejas homosexuales no lo pueden hacer. Hay quienes afirman que por esa razón la homosexualidad es contra natura pero si esto es así, ¿no van también en contra de lo natural quienes optan por el celibato? Bueno... yo sólo pregunto. En el fondo, creo que cada quien decide y tiene derecho a ser respetado. Pero de que el prejuicio influye, influye.

Mondimore, en su libro *Una historia natural de la homosexualidad*[138], analiza diferentes perspectivas a través de las cuales se ha estudiado y entendido esta preferencia sexual. El autor cita un estudio basado en pruebas proyectivas, que ilustra con claridad cómo influyen los prejuicios en nuestra apreciación. ¿De qué se trataba la investigación? Dada la cantidad de conflictos asociados con la homosexualidad (perversión, problemas de personalidad, fijación en etapas del desarrollo, obsesión por el sexo), se buscó una muestra de 30 hombres homosexuales y 30 heterosexuales, por medio de los cuales se pudiera comparar si en verdad estas características estaban más presentes entre varones homosexuales. Cada heterosexual tenía su par homosexual, es decir, alguien de la misma edad, nivel educativo y coeficiente intelectual.

A todos se les aplicó las pruebas de Rorschach (láminas con manchas en las que se buscan figuras) y TAT (láminas con figuras sobre las que uno narra una historia). Las pruebas fueron analizadas por expertos que no sabían quiénes eran los sujetos. Pues bien, los resultados de la primera no mostraron grandes diferencias entre los heterosexuales y los homosexuales. Había unos más adaptados y otros menos, unos que manejaban mejor su sexualidad y otros que tenían más conflictos, pero nada tenía que ver la preferencia sexual. Los expertos no pudieron identificar la orientación de casi ninguno de ellos pero cuando tuvieron más datos (extraídos de las historias que narraron), empezaron a encontrarles problemas a quienes en un principio parecían ser completamente sanos. ¿Por qué? Quizá porque al aceptar que la persona homosexual puede ser sana se venían abajo sus teorías.

¿Qué tanto funcionamos acomodando las cosas a nuestra conveniencia?

A uno le pueden gustar o no ciertas cosas, puede estar de acuerdo o no con la postura y las elecciones de los demás, pero eso no justifica que los encasillemos, etiquetemos o menospreciemos por pensar diferente a nosotros. Querer que todo mundo piense, sienta y vea las cosas como uno sería caer un poco en la intransigencia, ¿no cree?

El cerebro, el género y la preferencia sexual

La comisura anterior y las fibras del cuerpo calloso del cerebro son mayores en las mujeres que en los hombres. Además de las diferencias anatómicas centradas en los genitales, hombres y mujeres también tenemos otras diferencias físicas. En nuestros cuerpos circulan distintas concentraciones de hormonas femeninas y masculinas y nuestros cerebros presentan algunas variaciones (lo cual no significa que uno tenga un mejor desempeño que otro).

En general las funciones del cerebro de los hombres están más lateralizadas, es decir que en su mayoría las domina un solo lado del cerebro (recordemos que el hemisferio derecho controla los movimientos del lado izquierdo del cuerpo y viceversa). Por consiguiente, la media obtiene mejores resultados en el manejo del espacio y en cuestiones de razonamiento matemático y motricidad gruesa. Mientras tanto, al contar con más fibras que conectan a ambos hemisferios del cerebro, la media de las mujeres tiene mayor facilidad de lenguaje, fluidez de ideas y capacidad motriz fina. Hablo de la media en ambos casos porque puede haber hombres que logren mejores resultados que las mujeres y a la inversa, sin que esto se relacione con la orientación sexual.

¿Las personas homosexuales tienen aptitudes semejantes a las del sexo opuesto?

En varios estudios[139] realizados con heterosexuales y homosexuales, se observó que en general las lesbianas tendían a tener resultados más parecidos a los varones heterosexuales mientras que los gays mostraban respuestas más cercanas a las femeninas, en lo que se refiere a habilidades asociadas a los distintos hemisferios del cerebro y la lateralidad de las funciones. Lo anterior da entrada a la siguiente pregunta: ¿hay alguna diferencia en el cerebro de las personas con preferencias sexuales distintas?

Al investigar esto un poco más a fondo y directamente sobre las estructuras anatómicas, se encontró que los hombres gay tenían el cuerpo calloso y la comisura anterior mayores que los de los hombres heterosexuales, lo que ocasionaba que sus funciones cerebrales estuvieran menos lateralizadas. Declarar tal cosa como una regla quizá sería un tanto osado, además de que la diferencia sólo se ha visto en los varones. Sin embargo, el estudio señala pautas para nuevos cuestionamientos.

¿A qué se deben estas diferencias en la lateralización de las funciones cerebrales? Aparentemente el hecho está relacionado con una diferente carga de hormonas durante el embarazo. Hombres y mujeres comenzamos nuestro desarrollo embrionario siendo por completo iguales. Llegado un momento se empiezan a producir testosterona y otras sustancias, lo que provoca que el desarrollo del feto prosiga para convertirse en un varón. Entonces se desarrollan los genitales masculinos, se masculiniza el hipotálamo; aparentemente, este mismo nivel de hormonas provoca que se madure antes el hemisferio derecho del cerebro, lo que trae como consecuencia una mayor lateralización.

Uno se pregunta si lo anterior significa que hay variaciones en la cantidad de hormonas durante el periodo de gestación de homosexuales y heterosexuales; según algunos estudios hay indicios de que en algunos casos sí puede ser así, lo cual indicaría que nacemos con rasgos que probablemente determinen nuestra orientación sexual, aunque hasta ahora nada es definitivo. Además, añadiría que tales investigaciones tratan de hallar una explicación que ayude a entender por qué tenemos orientaciones sexuales distintas y no buscan, precisamente, la causa de una anomalía o enfermedad.

¿ES LO MISMO LA HOMOSEXUALIDAD QUE EL TRAVESTISMO O LA TRANSEXUALIDAD?

Con frecuencia confundimos estos términos, que en realidad se refieren a cuestiones diferentes.

Una persona homosexual se asume como hombre o como mujer, pero le gustan o se siente eróticamente atraído por individuos de su mismo sexo. Esto no implica que en el fondo a un hombre le hubiera gustado ser mujer o viceversa. Es una cuestión de orientación sexual hacia sus semejantes, no de identidad de género.

En el caso del transexual es distinto. La persona siente que su cuerpo no corresponde a la percepción que tiene de sí misma; es como si fuera un hombre con cuerpo de mujer o al contrario. Se identifica con el sexo opuesto y se siente como tal, sólo que su cuerpo no encaja. Es algo que se presenta en edad muy temprana, tanto que a los dos o tres años la identificación con el género opuesto ya está presente. Desde esa perspectiva, si a un transexual le gusta otro hombre, no lo viviría como una orientación homosexual, puesto que él se percibe como mujer y por lo tanto afirma que es atraído por el sexo opuesto. Obviamente esto llega a ser causa de conflictos para quienes sienten haber nacido con el cuerpo equivocado. En ocasiones se someten a operaciones y tratamientos de reasignación de sexo. Antes de esta intervención, muchos médicos exigen que el(la) interesado(a) haya vivido determinado lapso de acuerdo con el género que desea para evitar arrepentimientos que después son irreversibles. Muchos, una vez que cambia la apariencia de su cuerpo, forman una pareja estable o se casan, aunque hay otros que deciden cambiar de sexo a edades más avanzadas, cuando ya han estado casados y procreado hijos. También hay transexuales con una orientación homosexual; aquí la situación es un poco más complicada porque, por ejemplo, se trata de un hombre que se siente mujer y que le atraen otras mujeres.

El travestismo es otro de los términos que asociamos con la orientación sexual. Un travesti es por lo general un hombre —aunque también hay mujeres— a quien le gusta vestirse con ropa del otro sexo. En su mayoría son heterosexuales que conservan su identidad masculina.

A través de usar ropa del otro género, buscan una estimulación sexual, una conducta que estaría considerada una expresión comportamental de la sexualidad.

EL MATRIMONIO HOMOSEXUAL

A mediados de 1998 empezó a escucharse con más fuerza en México, la exigencia de reconocer formalmente a las parejas homosexuales. Algunos están de acuerdo, otros muchos creen que es inmoral y hasta les parece algo inaceptable, cuando no inconcebible.

Para no elucubrar al respecto, decidí entrevistar a una persona involucrada de manera directa en el asunto, ya que no es lo mismo imaginar algo a vivirlo en carne propia. Así fue como conversé con Xabier Lizarraga, quien, además de ser activista gay y fundador de los grupos "Lambda de Liberación Homosexual" y "Guerrilla Gay", es antropólogo físico dedicado al estudio del comportamiento humano en general, en particular a aspectos epistémicos sobre sexualidad y evolución.

Lizarraga comentó que reconocer formal y legalmente a las parejas homosexuales es una necesidad que surge por el ejercicio de la doble moral que vivimos en una sociedad que, como la nuestra, parte de tradiciones patriarcales, con políticas sexuales no sólo masculinistas (misóginas y homófobas), sino rígidamente heterocentristas y genésicas (reproductivistas).

—¿Qué es la doble moral? —le pregunté.

—Pues el hecho de que pretendemos imponer una moralidad con la que no nos comprometemos. Por un lado, decimos que todos los ciudadanos somos iguales; por otro, no aceptamos la diversidad. De hecho, expresar que somos iguales suena políticamente correcto, pero es

196

irreal. Una característica de la humanidad es la variabilidad, la diversidad. No somos iguales ni en lo físico, ni en lo psicológico ni en lo emocional. De lo que se trata es que las diferencias no determinen inequidades, desigualdades sociales. Pese a afirmar que somos iguales, nuestras sociedades no nos contemplan como tales en lo civil, lo político y lo jurídico. El hecho mismo de demandar el derecho al matrimonio homosexual da cuenta de la inequidad. Así, pues, la principal exigencia es la de acabar con la hipocresía social. Independientemente de lo que uno opine sobre el matrimonio —que es adecuado, obsoleto o necesario—, tendría que ser un derecho y una opción social. Si lo es para uno lo tiene que ser para todos los ciudadanos. En esa medida, la demanda del reconocimiento legal de las parejas homosexuales es una demanda de coherencia en la noción de libertad, de derechos y de democracia. Aunque quizá muchos homosexuales no quieran casarse, tiene que existir el derecho a la elección, tal como existe para las parejas heterosexuales. Además del derecho a la igualdad ante la ley, que la pareja homosexual fuera reconocida legalmente traería consigo beneficios de los que gozan los heterosexuales. Por ejemplo, al estar casados, el cónyuge tendría derecho al Seguro Social, a una pensión de viudez; sería posible dejar la herencia a la pareja sin lugar a cuestionamientos. Los estudiantes y los investigadores podrían incluir a sus parejas en becas y otras prestaciones. Habría facilidad de compra o renta de vivienda sin ser rechazados y, en caso de enfermedad, de tomar decisiones importantes, como la de someterse a una operación.

—Algunos se muestran con serias reservas en relación con el matrimonio homosexual; de hecho, dirigentes religiosos lo tachan de inmoral. ¿Qué opina usted?

—Estoy completamente de acuerdo, es inmoral —respondió. Con esta respuesta, lo acepto, me sorprendió. Pero he aquí el porqué.

—Moral viene de *mormoris*, que significa costumbre; entonces el matrimonio homosexual va en contra de la costumbre. Y eso no lo podemos negar. Sin embargo, no toda costumbre es defendible o puede sostenerse... Pienso por ejemplo en algunas costumbres como la ejecución y quema de judíos (y otros herejes), promovidas por la Iglesia católica y que finalmente fueron desechadas por los grupos sociales. Las costumbres no son buenas o malas por ser costumbres, sino por cómo y desde qué perspectiva se significan. Recordemos que los romanos convirtieron la ética en moral. La ética sale de uno mismo, es decir, es uno quien se impone un "así tengo que actuar", mientras que la moral implica un "así tienes que actuar" que es impuesto por el orden social hegemónico. Yo creo que en los albores del tercer milenio de nuestra era es hora de que cambiemos las costumbres que hoy ya no funcionan.

—¿Cuán cierto es que si la homosexualidad se aceptara abiertamente y se permitiera el matrimonio entre personas del mismo sexo estaríamos perdiendo los valores como sociedad y la moral en el sentido de lo que es "correcto"?

—Lo correcto hoy y aquí no es lo correcto de ayer o de allá. En el tema que nos ocupa, esos argumentos no son más que productos de miedos irracionales y de una homofobia que exigen al individuo vivir la mentira y promover el engaño... que oculte su homosexualidad. En consecuencia, el individuo tiene que vivir una doble vida que incluso afecta su salud física y mental. Y la sociedad quiere ser engañada: al ocultarlo, la persona no deja de ser homosexual. Si con esas costumbres la sociedad exige del homosexual esa hipocresía, yo no veo lo correcto por ningún lado. La demanda es "congruencia social", "terminar con la hipocresía". ¿Implicaría eso cuestionarse la manera de vivir y los propios valores?

—¿Y qué me dice de la adopción por parte de una pareja homosexual?

—No ser iguales ante la ley repercute no sólo en relación con prestaciones sociales, sino también en el ámbito emocional. Un individuo por ser homosexual no necesariamente renuncia de manera voluntaria a tener hijos. Y mientras que el derecho a la adopción es un derecho de los heterosexuales, se les niega a los homosexuales. Por un argumento moral absolutamente imbécil; se dice que van a influir y hacer a sus hijos homosexuales. Primer punto: ¿y qué? Segundo punto: yo soy hijo de una pareja heterosexual, y siendo heterosexuales ellos y el marco de referencia, los modelos y patrones

198

de la sociedad, los homosexuales existimos. Entonces, o bien reconocen públicamente que los heterosexuales son más débiles de carácter y que se van a dejar influir con mayor facilidad... lo cual es absurdo; o reconocemos que todo ello no es más que miedo irracional que pretende avalarse con argumentos morales acuñados hace tres mil o cuatro mil años, en un contexto judeocristiano. Personalmente creo que la realidad social e histórica ha cambiado un poco desde que se escribió la Biblia hasta ahora. Además de que a mí, que soy ateo, no tienen por qué imponerme juicios y valores religiosos.

—¿Provocaría algún conflicto adicional al niño adoptado el que ambos padres fueran del mismo sexo?

—Crearía conflictos diferentes. Adoptar, demandaría a los homosexuales que desearan hacerlo, madurez y preparación para ser padre, cosa que por lo general no ocurre ni en el mundo heterosexual. Esto se ha visto claramente en Estados Unidos al permitir la "adopción". Han dado a parejas homosexuales niños con sida, lo cual es pura homofobia y sidofobia. Lo que se ha visto en estudios comparativos de parejas heterosexuales y homosexuales con niños con sida es que el tiempo que viven los niños con parejas homosexuales se prolonga varios años y su calidad de vida mejora. Esto se debe en gran medida a que los padres homosexuales ya saben lo que es la marginación y el desprecio y tratan de evitárselo a los hijos. Otro punto es que los padres homosexuales tienden a educar a los hijos enseñándoles estrategias de defensa contra los medios agresivos. Los padres abiertamente homosexuales tendrían que preparar al niño para resistir las agresiones y burlas de otros niños. No dudo que si esto se institucionalizara surgirían escuelas para padres homosexuales que a la larga podrían ser mixtas, es decir, de homosexuales y heterosexuales. En proporción, los padres heterosexuales que se preparan para tener hijos son menos.

—El niño que crece con una pareja homosexual ¿enfrentaría conflictos de preferencia sexual? ¿Un conflicto porque sus padres sean homosexuales y él o ella no?

—Los jóvenes que conozco que viven con padres homosexuales no tienen conflictos al respecto.

—¿Los padres homosexuales desearían que sus hijos tuvieran esa misma preferencia sexual, así como los heterosexuales desean que sus hijos sean como ellos?

—No dudo que haya casos, pero pienso que sería menos frecuente. Los padres homosexuales que adoptan han tenido que pensar mucho respecto de su libertad y reconocer el derecho a la libertad de los demás. Los niños aprenden a convivir con personas heterosexuales, homosexuales y bisexuales guardando su propia preferencia sexual.

Es difícil aceptar cosas nuevas sobre todo cuando nos rompen y cuestionan los esquemas. Pero nunca está de más oír diferentes puntos de vista. Ya uno decide si los toma o los deja.

Bibliografía

Aguilar Kubli, Eduardo, *Cómo elegir bien a su pareja*, Pax, México, 1987.

Alberoni, Francesco, *El erotismo*, Gedisa, México, 1986.

Alla, Josette, "L'infidélité au féminin", *Nouvel Observateur*, No. 1815, agosto 19-25, 1999.

Alvarado, Enoch, *Guía del perfecto amante*, Planeta, México, 1999.

Bass, Ellen y Laura Davis, *El coraje de sanar. Guía para las mujeres supervivientes de abusos sexuales en la infancia*, Urano, Barcelona, 1994.

Blasco, Sonia, *Camino al orgasmo*, Paidós, Buenos Aires, 1993.

Botta, Renée A., "Television Images and Adolescent Girls' Body Image Disturbance", *Journal of Communication*, Vol. 49, No. 2, primavera 1999.

Branden, Nathaniel, *Cómo mejorar su autoestima*, Paidós, México, 1998.

————, *El respeto hacia uno mismo*, Paidós, México, 1998.

————, *Los seis pilares de la autoestima*, Paidós, México, 1994.

Cabello Santamaría, Francisco, "Aportaciones al estudio de la eyaculación femenina", *Salud sexual*, Vol. 1, número 1, octubre-diciembre 1998.

Caldiz, Laura y Diana Resnicoff, *Sexo, mujer y fin de siglo. La intimidad redescubierta*, Paidós, Argentina, 1997.

Cane, William, *El arte de besar*, Paidós, México, 1992.

Chia, Mantak, *Secretos taoístas de la salud y el sexo*, Biblioteca Año Cero, Madrid, 1993.

————, y Douglas Abrams Arava, *El hombre multiorgásmico*, NP, España, 1997.

Consejo Nacional de Población, "La nupcialidad en México: patrones de continuidad y cambio en el último cuarto de siglo", *La situación demográfica de México 1999*.

Dávalos López, Enrique, "La sexualidad en los pueblos mesoamericanos antiguos", *Antología de la sexualidad humana*, Conapo-Porrúa, México, 1994.

Delfín Lara, Francisco, "Variantes de las prácticas eróticas o expresiones del comportamiento erótico", *Antología de la sexualidad humana*, Conapo-Porrúa, México, 1994.

Dominian, Jack, *El matrimonio: guía para fortalecer una convivencia duradera*, Paidós, Contextos, España, 1996.

Feldenkrais, Moshe, *El poder del Yo*, Paidós, Barcelona, 1995.

Fisher, Helen, *La anatomía del amor*, Anagrama, Barcelona, 1992.

Freud, Sigmund, *Obras completas*, Biblioteca Nueva Madrid, Madrid, 1967.

Gebel Saldaña, Mónica, *Estudio comparativo de actitudes hacia la pareja en hijos con y sin padres divorciados*, Tesis de Licenciatura en Psicología, Universidad Iberoamericana, México, 1996.

Gindin, León Roberto, *La nueva sexualidad del varón*, Paidós, México, 1991.

González Serratos, Selma, "La expresión autoerótica", *Antología de la sexualidad humana*, Conapo-Porrúa, México, 1994.

Gotwald, William H. y Gale Holtz Golden, *Sexualidad. La experiencia humana*, Manual Moderno, México, 1983.

Henning, Jean-Luc, *La breve historia del culo*, R&B, Colección Sexto Sentido, Guipúzcoa, 1996.

Hurlock, Elizabeth, *Psicología de la adolescencia*, Paidós, México, 1994.

Kahn, Alice, Beverly Whipple y John Perry, *El punto "G"*, Grijalbo, México, 1982.

Kama Sutra, Plaza y Janés, Clásicos de la Literatura Erótica Oriental, Barcelona, 1993.

Kaplan, Helen Singer, *La nueva Terapia Sexual*, Alianza, México, 1990.

Lacayo, Richard, "Are you man enough?", *Time*, abril 24, 2000.

Lemaire, Jean, *La pareja humana: su vida, su vida su muerte*, Fondo de Cultura Económica, México, 1986.

Leroy, Margaret, *El placer femenino*, Paidós, Barcelona, 1996.

Lidz, Theodore, *La persona: su desarrollo a través del ciclo vital*, Barcelona, Herder, 1985.

Lowen, Alexander, *El lenguaje del cuerpo*, Herder, Barcelona, 1988.

————, *La experiencia del placer*, Paidós, Barcelona, 1994.

Macías, Raymundo, "El divorcio", *Antología de la sexualidad humana*, Conapo-Porrúa, México, 1994.

Macmillan, *The ethics of sex and genetics*, Macmillan Reference USA, Nueva York, 1998.

Maines, Rachel, "Socially Camouflaged Technologies: The Case of Electromechanical Vibrator", *IEEE Technology and Society Magazine*, junio 1999.

Maltz, Wendy y Suzie Boss, *El mundo íntimo de las fantasías femeninas*, Paidós, Barcelona, 1998.

Marqués, Joseph-Vincent, *No es natural (para una sociología de la vida cotidiana)*, Anagrama, Barcelona, 1980.

Masters, William y Virginia Johnson, *El vínculo del placer*, Grijalbo, México, 1993.

————, *Sexualidad humana*, Grijalbo, México, 1997.

Max, Roberto, "La etiqueta sexual", *Viceversa*, septiembre 1999.

McCary, James Leslie y Stephen P. McCary, *Sexualidad Humana*, Manual Moderno, México, 1996.

Mondimore, Francis Mark, *Una historia natural de la homosexualidad*, Paidós, Barcelona, 1998.

Nelson, James B. y Sandra P. Longfellow, *La sexualidad y lo sagrado*, Desclée De Brouwer, Bilbao, 1996.

Perrot, Philippe, *Le corps feminin*, Éditions du sueil, París, 1984.

Platón (385 a.C.), *Diálogos*, Porrúa, México, 1975.

Politzer, Patricia y Eugenia Weinstein, *Mujeres: la sexualidad secreta*, Sudamericana, Santiago, 1999.

Pope, Harrison, Katherine Phillips y Roberto Olivardia, *The Adonis Complex*, en Cloud, John, "Never too buff", *Time*, abril 24, 2000.

Ranke-Heinemann, Uta, *Eunucos por el reino de los cielos*, Trotta, Madrid, 1994.

Reinisch, June y Ruth Beasley, *Nuevo informe Kinsey sobre sexo*, Paidós, España, 1992.

Satir, Virginia, *Nuevas relaciones humanas en el núcleo familiar*, Pax, México, 1991.

"Sex drive warning to vegetarians and eldery", BBC online/health, enero 21, 2000.

Sheehy, Gail, *Las crisis de la edad adulta*, Grijalbo, México, 1987.

Süskind, Patrick, *El perfume*, Seix Barral, México, 1985.

Taylor, Timothy, *The Prehistory of Sex. Four Million Years of Human Sexual Culture*, Bantam Books, Nueva York, 1996.

Torices Rodarte, Irene, *La sexualidad de los discapacitados*, Benemérita Universidad Autónoma de Puebla, Editorial Ducere S. A. de C. V., Universidad Abierta, México, 1997.

Townsend, John, *Lo que quieren las mujeres. Lo que quieren los hombres*, Oxford, México, 2000.

Turner, Lisa, "Sex and Food: Eating for Pleasure", *Healthy and Natural*, abril 1999.

Van Sommers, Peter, *Los celos*, Paidós, México, 1990.

Vincent, Jean-Didier, *La biologie des passions*, Odile Jacob, París, 1986.

Viorst, Judith, *Pérdidas necesarias*, Plaza y Janés, España, 1990.

Vogt, Evon Z., *Los zinacantecos*, Instituto Nacional Indigenista, Colección Presencias, México, 1992.

Watzlawick, Paul, *El arte de amargarse la vida*, Herder, Barcelona, 1985.

Whipple, Beverly y Barry Komisaruk, "Beyond the G Spot. Recent Research on Female Sexuality", *Medical Aspects of Human Sexuality*, junio, 1998.

Whipple, Beverly, Margarita Martínez-Gómez, Laura Oliva-Zárate, Pablo Pacheco y Barry Komisaruk, "Inverse Relationship Between Intensity of Vaginal Self-Stimulation-Produced Analgesia and Level of Chronic Intake of Dietary Source of Capsaicin", *Psychology and Behavior*, Vol. 46, 1989.

Willi, Yurg, *La pareja humana. Relación y conflicto*, Ediciones Morata, Madrid, 1985.

Zerbe, Catherine, *The body betrayed. A deeper understanding of women, eating disorders and treatment*, Gürze Books, American Psychiatric Press, Inc., California, 1993.

Zumaya, Mario, "La infidelidad", *Antología de la sexualidad humana*, Conapo-Porrúa, México, 1994.

Notas

CAPÍTULO 1

[1] "Amor es... ¿Qué le pasa a nuestra mente y nuestro cuerpo cuando nos enamoramos?" *Quo. El saber actual.* No. 22, agosto 1999.

[2] Gotwald, William H. y Gale Holtz Golden, *Sexualidad. La experiencia humana,* Manual Moderno, México, 1983.

[3] Yalom, Marilyn. *La historia del pecho*, Tousquets, Barcelona, 1997.

[4] Reinisch, June y Ruth Beasley, *Nuevo informe Kinsey sobre sexo*, Paidós, Barcelona, 1992.

[5] Townsend, John, *Lo que quieren las mujeres. Lo que quieren los hombres,* Oxford, México, 2000.

[6] Henning, Jean-Luc, *La breve historia del culo*, R&B, Colección Sexto Sentido, Guipúzcoa, 1996.

[7] Desmond Morris en Henning, Jean-Luc, *La breve historia del culo*, R&B, Colección Sexto Sentido, Guipúzcoa, 1996.

[8] Georges Bataille en Henning, Jean-Luc, *La breve historia del culo*, R&B, Colección Sexto Sentido, Guipúzcoa, 1996.

[9] Henning, Jean-Luc, *La breve historia del culo*, R&B, Colección Sexto Sentido, Guipúzcoa, 1996.

[10] Fisher, Helen, *La anatomía del amor*, Anagrama, Barcelona, 1992.

[11] *Idem.*

[12] Eibl-Eibesfeldt en Fisher, Helen, *La anatomía del amor*, Anagrama, Barcelona, 1992.

[13] Givens, David y Timothy Peper en Fisher, Helen, *La anatomía del amor*, Anagrama, Barcelona, 1992

[14] Fisher, Helen, *La anatomía del amor*, Anagrama, Barcelona, 1992.

[15] *Idem.*

[16] Gotwald, William H. y Gale Holtz Golden, *Sexualidad. La experiencia humana*, Manual Moderno, México, 1983.

[17] Dávalos López, Enrique, "La sexualidad en los pueblos mesoamericanos antiguos", *Antología de la sexualidad humana,* Conapo-Porrúa, México, 1994.

[18] Zerbe, Catherine, *The body betrayed. A deeper understanding of women, eating disorders and treatment*, Gürze Books, American Psychiatric Press, Inc., California, 1993.

[19] Perrot, Philippe, *Le corps feminin,* Éditions du sueil, París, 1984.

[20] *Ídem.*

[21] *Ídem.*

[22] *Ídem.*

[23] Pope, Harrison, Katherine Phillips y Roberto Olivardia, *The Adonis Complex*, en Cloud, John, "Never too buff", *Time*, abril 24, 2000.

[24] Lowen, Alexander, *El lenguaje del cuerpo*, Herder, Barcelona, 1988.

CAPÍTULO 2

[25] Fisher, Helen, *La anatomía del amor*, Anagrama, Barcelona, 1992.

[26] Aguilar Kubli, Eduardo, *Cómo elegir bien a su pareja*, Pax, México, 1987.

[27] *Ídem.*

[28] Freud, Sigmund, *Obras completas*, Biblioteca Nueva Madrid, Madrid, 1967. Lemaire, Jean, *La pareja humana: su vida, su muerte*, Fondo de Cultura Económica, México, 1986.

[29] Lemaire, Jean, *La pareja humana: su vida, su muerte*, Fondo de Cultura Económica, México, 1986.

[30] *Ídem.*

[31] Macmillan, *The ethics of sex and genetics*, Macmillan Reference USA, Nueva York, 1998.

[32] *Ídem.*

[33] Ranke-Heinemann, Uta, *Eunucos por el reino de los cielos*, Trotta, Madrid, 1994.

[34] *Ídem.*

[35] Vogt, Evon Z., *Los zinacantecos*, Instituto Nacional Indigenista, Colección Presencias, México, 1992.
[36] Dominian, Jack, *El matrimonio: guía para fortalecer una convivencia duradera*, Paidós, Contextos, España, 1996.
[37] *Ídem*.
[38] Hill, C. T., Z. Rubin y L. A. Peplau, en *Ídem*.
[39] Blood, R. O y D. N. Wolfe D. N., en *Ídem*.
[40] Lidz, Theodore, *La persona: su desarrollo a través del ciclo vital*, Barcelona, Herder, 1985. Lemaire, Jean, *La pareja humana: su vida, su muerte*, Fondo de Cultura Económica, México, 1986.
[41] "British Social Attitudes. Seventh Report", en Dominian, Jack, *El matrimonio: guía para fortalecer una convivencia duradera*, Paidós, Contextos, España, 1996.

CAPÍTULO 3

[42] Willi, Yurg, *La pareja humana. relación y conflicto*, Ediciones Morata, Madrid, 1985.
[43] Branden, Nathaniel, *Cómo mejorar su autoestima*, Paidós, México, 1998.
[44] Satir, Virginia, *Nuevas relaciones humanas en el núcleo familiar*, Pax, México, 1991.
[45] Kaplan, Helen Singer, *La nueva Terapia Sexual*, Alianza, México, 1990.
[46] Laing, Ronald, en Paul Watzlawick, *El arte de amargarse la vida*, Herder, Barcelona, 1985.
[47] Promocional que salió al aire principalmente durante 1999, realizado por diferentes organizaciones no gubernamentales y de gobierno.
[48] Watzlawick, Paul, *El arte de amargarse la vida*, Herder, Barcelona, 1985.
[49] Esta cita y las siguientes de este apartado forman parte de los comentarios hechos por lectores de la columna *Sextante*, del periódico *La Crónica*, sobre el tema de los celos.

[50] Van Sommers, Peter, *Los celos*, Paidós, México, 1990.

[51] Consejo Nacional de Población, "La nupcialidad en México: patrones de continuidad y cambio en el último cuarto de siglo", *La situación demográfica de México 1999*.

[52] Macías, Raymundo, "El divorcio", *Antología de la sexualidad humana*, Conapo-Porrúa, México, 1994.

[53] Dominian, Jack, *El matrimonio: guía para fortalecer una convivencia duradera*, Paidós, Contextos, España, 1996.

[54] *Ídem.*

[55] Satir, Virginia, *Nuevas relaciones humanas en el núcleo familiar*, Pax, México, 1991.

[56] *Ídem.*

[57] Gebel Saldaña, Mónica, *Estudio comparativo de actitudes hacia la pareja en hijos con y sin padres divorciados*, Tesis de Licenciatura en Psicología, Universidad Iberoamericana, México, 1996.

[58] Viorst, Judith, *Pérdidas necesarias*, Plaza y Janés, España, 1990.

[59] Fisher, Helen, *La anatomía del amor*, Anagrama, Barcelona, 1992.

[60] Lemaire, Jean, *La pareja humana: su vida, su vida su muerte*, Fondo de Cultura Económica, México, 1986.

[61] Sheehy, Gail, *Las crisis de la edad adulta*, Grijalbo, México, 1987.

[62] Zumaya, Mario, "La infidelidad", *Antología de la sexualidad humana*, Conapo-Porrúa, México, 1994. Dominian, Jack, *El matrimonio: guía para fortalecer una convivencia duradera*, Paidós, Contextos, España, 1996.

[63] Notas del curso "Historia de la Sexualidad" con Carlos Hernández Merjueiro (Xochiquetzal, Centro de Estudios Sociales).

[64] Fisher, Helen, *La anatomía del amor*, Anagrama, Barcelona, 1992.

[65] Alla, Josette, "L'infidélité au féminin", *Nouvel Observateur*, No. 1815, del 19 al 25 de agosto, 1999. Zumaya, Mario, "La infidelidad", *Antología de la sexualidad humana*, Conapo-Porrúa, México, 1994.

[66] Alla, Josette, "L'infidélité au féminin", *Nouvel Observateur*, No. 1815, del 19 al 25 de agosto, 1999. Dominian, Jack, *El matrimonio: guía para fortalecer una convivencia duradera*, Paidós, Contextos,

España, 1996. Zumaya, Mario, "La infidelidad", *Antología de la sexualidad humana*, Conapo-Porrúa, México, 1994.

[67] Gauthier, Ursula y Claude Gènes Weil, "Sex and fun" (entrevista con Jared Diamond), *Nouvel Observateur*, No. 1815, agosto 19-25, 1999.

[68] Fisher, Helen, *La anatomía del amor*, Anagrama, Barcelona, 1992.

[69] *Ídem.*

CAPÍTULO 4

[70] Sexólogos de la Asociación Mexicana de Sexología, A. C. y el Instituto Mexicano de Sexología (datos recogidos en cursos, conferencias y charlas).

[71] González Serratos, Selma, "La expresión autoerótica", *Antología de la sexualidad humana*, Conapo-Porrúa, México, 1994.

[72] Ranke-Heinemann, Uta, *Eunucos por el reino de los cielos*, Trotta, Madrid, 1994.

[73] Maines, Rachel, "Socially Camouflaged Technologies: The Case of Electromechanical Vibrator", *IEEE Technology and Society Magazine*, junio 1999.

[74] Info-Circoncision, http://www.cirp.org/CIRP/.

[75] Fisher, Helen, *La anatomía del amor*, Anagrama, Barcelona, 1992.

[76] McCary, James Leslie y Stephen P. McCary, *Sexualidad humana*, Manual Moderno, México, 1996.

[77] *Ídem.*

[78] Vulgarismo aparentemente sajón conocido en lengua castellana como consolador.

[79] Taylor, Timothy, *The Prehistory of Sex. Four Million Years of Human Sexual Culture*, Bantam Books, Nueva York, 1996.

[80] Maines, Rachel, "Socially Camouflaged Technologies: The Case of Electromechanical Vibrator", *IEEE Technology and Society Magazine*, junio 1999.

[81] Ranke-Heinemann, Uta, *Eunucos por el reino de los cielos*, Trotta, Madrid, 1994.

[82] *Ídem.*

[83] Maltz, Wendy y Suzie Boss, *El mundo íntimo de las fantasías femeninas*, Paidós, Barcelona, 1998.

[84] Álvarez Gayou, José Luis, *Sexoterapia integral*, Manual Moderno, México, 1986. McCary, James Leslie y Stephen P. McCary, *Sexualidad humana*, Manual Moderno, México, 1996.

[85] Townsend, John, *Lo que quieren las mujeres. Lo que quieren los hombres*, Oxford, México, 2000.

[86] Alberoni, Francesco, *El erotismo*, Gedisa, México, 1986.

[87] Townsend, John, *Lo que quieren las mujeres. Lo que quieren los hombres*, Oxford, México, 2000.

[88] Maltz, Wendy y Suzie Boss, *El mundo íntimo de las fantasías femeninas*, Paidós, Barcelona, 1998.

[89] *Ídem.*

[90] Hurlock, Elizabeth, *Psicología de la adolescencia*, Paidós, México, 1994.

CAPÍTULO 5

[91] Cane, William, *El arte de besar*, Paidós, México, 1992.

[92] Gotwald, William H. y Gale Holtz Golden, *Sexualidad. La experiencia humana*, Manual Moderno, México, 1983.

[93] Tratado erótico escrito en sánscrito por Vâtsyâyana (S. IV-VII).

[94] Cane, William, *El arte de besar*, Paidós, México, 1992.

[95] Alvarado, Enoch, *Guía del perfecto amante*, Planeta, México, 1999.

[96] Max, Roberto, "La etiqueta sexual", *Viceversa*, septiembre, 1999.

[97] Politzer, Patricia y Eugenia Weinstein, *Mujeres: la sexualidad secreta*, Sudamericana, Santiago, 1999.

[98] Gindin, León Roberto, *La nueva sexualidad del varón*, Paidós, México, 1991.

[99] Masters, William y Virginia Johnson, *Sexualidad humana*, Grijalbo, México, 1997.

[100] McCary, James Leslie y Stephen P. McCary, *Sexualidad humana*, Manual Moderno, México, 1996.

101 Freud, Sigmund, *Obras completas*, Biblioteca Nueva Madrid, Madrid, 1967.

102 Llamado así en honor al médico Ernst Gräfenberg, quien fue el primero en descubrirlo.

103 Kahn, Alice, Beverly Whipple y John Perry, *El punto "G"*, Grijalbo, México, 1982.

104 Whipple, Beverly, Margarita Martínez-Gómez, Laura Oliva-Zárate, Pablo Pacheco y Barry Komisaruk, "Inverse Relationship Between Intensity of Vaginal Self-Stimulation-Produced Analgesia and Level of Chronic Intake of Dietary Source of Capsaicin". *Psychology and Behavior*, Vol. 46, 1989.

105 Kahn, Alice, Beverly Whipple y John Perry, *El punto "G"*, Grijalbo, México, 1982.

106 Dávalos López, Enrique, "La sexualidad en los pueblos mesoamericanos antiguos", *Antología de la sexualidad humana*, Conapo-Porrúa, México, 1994.

107 New England Journal of Medicine, citado en: BBCnews online/ health, septiembre 7, 2000.

108 Turner, Lisa, "Sex and Food: Eating for Pleasure", *Healthy and Natural*, abril, 1999.

109 "Sex drive warning to vegetarians and eldery", BBC online/health, enero 21, 2000.

110 Lacayo, Richard, "Are you man enough?" *Time*, abril 24, 2000.

Capítulo 6

111 Kaplan, Helen Singer, *La nueva Terapia Sexual*, Alianza, México, 1990.

112 Feldenkrais, Moshe, *El poder del Yo*, Paidós, Barcelona, 1995.

113 Gindin, León Roberto, *La nueva sexualidad del varón*, Paidós, México, 1991. Chia, Mantak y Douglas Abrams Arava, *El hombre multiorgásmico*, NP, España, 1997.

114 Kahn, Alice, Beverly Whipple y John Perry, *El punto "G"*, Grijalbo, México, 1982.

212

[115] Cabello Santamaría, Francisco, "Aportaciones al estudio de la eyaculación femenina", *Salud sexual*, Vol. 1, número 1, octubre-diciembre, 1998. Whipple, Beverly y Barry Komisaruk, "Beyond the G Spot. Recent Research on Female Sexuality", *Medical Aspects of Human Sexuality*, junio, 1998.

[116] Chia, Mantak, *Secretos taoístas de la salud y el sexo*, Biblioteca Año Cero, Madrid, 1993.

[117] Chia, Mantak y Douglas Abrams Arava, *El hombre multiorgásmico*, NP, España, 1997.

[118] Gindin, León Roberto, *La nueva sexualidad del varón*, Paidós, México, 1991.

[119] Chia, Mantak, *Secretos taoístas de la salud y el sexo*, Biblioteca Año Cero, Madrid, 1993.

[120] Lowen, Alexander, *La experiencia del placer*, Paidós, Barcelona, 1994.

[121] *Ídem*.

Capítulo 7

[122] Inspirados en ejemplos citados en el Nuevo Informe Kinsey sobre sexo de June Reinish, entrevistas y conversaciones.

[123] Reinisch, June y Ruth Beasley, *Nuevo informe Kinsey sobre sexo*, Paidós, España, 1992.

[124] *Ídem*.

[125] Ranke-Heinemann, Uta, *Eunucos por el reino de los cielos*, Trotta, Madrid, 1994.

[126] Vincent, Jean-Didier, *La biologie des passions*, Odile Jacob, París, 1986.

[127] Delfín Lara, Francisco, "Variantes de las prácticas eróticas o expresiones del comportamiento erótico", *Antología de la sexualidad humana*, Conapo-Porrúa, México, 1994.

[128] *Ídem*. Reinisch, June y Ruth Beasley, *Nuevo informe Kinsey sobre sexo*, Paidós, España, 1992.

[129] Süskind, Patrick, *El perfume*, Seix Barral, México, 1985.

[130] Lowen, Alexander, *El lenguaje del cuerpo*, Herder, Barcelona, 1988.
[131] Delfín Lara, Francisco, "Variantes de las prácticas eróticas o expresiones del comportamiento erótico", *Antología de la sexualidad humana*, Conapo-Porrúa, México, 1994.

CAPÍTULO 9

[132] Gindin, León Roberto, *La nueva sexualidad del varón*, Paidós, México, 1991.
[133] Whipple, Beverly y Barry Komisaruk, "Beyond the G Spot. Recent Research on Female Sexuality", *Medical Aspects of Human Sexuality*, junio 1998.
[134] Gindin, León Roberto, *La nueva sexualidad del varón*, Paidós, México, 1991.
[135] Whipple, Beverly y Barry Komisaruk, "Beyond the G Spot. Recent Research on Female Sexuality", *Medical Aspects of Human Sexuality*, junio 1998.

CAPÍTULO 10

[136] Adaptación de Aristófanes, en *El banquete*, Platón, 385 a.C.
[137] Mondimore, Francis Mark, *Una historia natural de la homosexualidad*, Paidós, Barcelona, 1998.
[138] *Ídem.*
[139] *Ídem.*

Esta obra se terminó de imprimir
en enero de 2001, en
Litográfica Ingramex, S.A. de C.V.
Centeno 162-1
Col. Granjas Esmeralda
México, D.F.